Rainer Nahrendorf

Der Unternehmer-Code

W0195011

Rainer Nahrendorf

Der
Unternehmer-Code

Was Gründer und
Familienunternehmer
erfolgreich macht

GABLER

Bibliografische Information Der Deutschen Nationalbibliothek
Die Deutsche Nationalbibliothek verzeichnet diese Publikation in der
Deutschen Nationalbibliografie; detaillierte bibliografische Daten sind im
Internet über <http://dnb.d-nb.de> abrufbar.

1. Auflage 2008

Alle Rechte vorbehalten
© Betriebswirtschaftlicher Verlag Dr. Th. Gabler | GWV Fachverlage GmbH,
Wiesbaden 2008

Lektorat: Maria Akhavan-Hezavei | Sascha Niemann

Der Gabler Verlag ist ein Unternehmen von Springer Science+Business Media.
www.gabler.de

Das Werk einschließlich aller seiner Teile ist urheberrechtlich
geschützt. Jede Verwertung außerhalb der engen Grenzen des Urhe-
berrechtsgesetzes ist ohne Zustimmung des Verlags unzulässig und
strafbar. Das gilt insbesondere für Vervielfältigungen, Übersetzun-
gen, Mikroverfilmungen und die Einspeicherung und Verarbeitung
in elektronischen Systemen.

Die Wiedergabe von Gebrauchsnamen, Handelsnamen, Warenbezeichnungen usw. in
diesem Werk berechtigt auch ohne besondere Kennzeichnung nicht zu der Annahme,
dass solche Namen im Sinne der Warenzeichen- und Markenschutz-Gesetzgebung als
frei zu betrachten wären und daher von jedermann benutzt werden dürften.

Umschlaggestaltung: Nina Faber de.sign, Wiesbaden
Druck und buchbinderische Verarbeitung: Wilhelm & Adam, Heusenstamm
Gedruckt auf säurefreiem und chlorfrei gebleichtem Papier
Printed in Germany

ISBN 987-3-8349-0790-5

Meinen Enkeln Nicolas und Moritz Glandien

Vorwort

Stille Stars

Als die „Familienunternehmen ASU", die Arbeitsgemeinschaft Selbstständiger Unternehmer, einen Autor für ein Buch suchte, das das Werden von Unternehmern schildert und Mut zur Selbstständigkeit macht, hat mich diese Aufgabe gereizt. In meinen mehr als 34 Jahren als Handelsblatt-Redakteur habe ich viele faszinierende Unternehmerinnen und Unternehmer kennen gelernt und in den zwölf Jahren, in denen ich der Chefredaktion angehörte, den Focus unserer Berichterstattung stärker auf die unternehmerische Persönlichkeit, auf die Macher und Tatmenschen gerichtet.

Im Scheinwerferlicht der Öffentlichkeit stehen die Manager großer börsennotierter Gesellschaften. Die stillen Stars des Mittelstands, zu dem 90 Prozent der deutschen Unternehmen zählen, arbeiten im Verborgenen. Daran sind sie selbst nicht schuldlos. Viele Mittelständler scheuen Publizität. Auch mir ist es nicht leicht gefallen, den einen oder anderen Gesprächspartner zum Reden zu bringen. Bei der Autorisierung der Texte ist manches interessante Detail den vielfältigen Rücksichtnahmen zum Opfer gefallen. Mein Dank gilt den in diesem Buch portraitierten Unternehmerinnen und Unternehmern für ihre Bereitschaft, Einblick in ihr Unternehmerleben zu gewähren, und – bis auf wenige Ausnahmen – zum gesprochenen Wort zu stehen.

Zu danken habe ich auch den Mitgliedern der ASU-Kommission „Nachfolge in Familienunternehmen", insbesondere der Vorsitzenden, Sonja Groneweg, und dem stellvertretenden Leiter des ASU-Unternehmerinstituts, Dr. Peer-Robin Paulus, sowie Fred Herzog. Ohne unser gemeinsames Brainstorming, ohne ihre Begleitung und Beratung wäre das Buch nicht entstanden. Meiner Frau Sigrid danke ich für ihr kritisches Lesen der Texte.

Den Wissenschaftlern, die mir Einsicht in ihre Forschungen ermöglicht haben, verdanke ich das Kartenmaterial zu dieser Expedition. Es erleichtert hoffentlich auch den Lesern dieses Buches die Entdeckungsreise, auf die ich sie mitnehmen möchte.

Beim Schreiben der Portraitreportagen habe ich mich häufiger gefragt, warum ich nicht selbst Unternehmer geworden bin. Schließlich bin ich als Sohn eines selbstständigen Bezirksschornsteinfegermeisters und einer selbstständigen Kauffrau aufgewachsen und habe so manches Mal bei der Inventur geholfen. Vielleicht liegt der Grund darin, dass ich als Schüler und Schulsprecher gern auf die „Pauke" gehauen habe. So hieß unsere Schulzeitung, für die ich geschrieben habe und die in mir die Lust zum Journalismus geweckt hat.

Familienunternehmen kenne ich aus eigenem Erleben, aus dem mütterlichen Geschäft, aus meiner Zeit als persönlicher Assistent – in meiner Vaterstadt Hamburg heißt das Sekretär – des Hamburger Privatbankiers, DIHT- und Bankenpräsidenten Alwin Münchmeyer, vor allem aber aus der Familie meiner Tochter Stefanie. Mein Schwiegersohn Harald Glandien leitet zusammen mit seinem Bruder Rainer ein von der Familie geführtes Autohaus in dritter Generation. Die Geschichte der Unternehmerfamilie Mais-Glandien wäre wert, erzählt zu werden. Mir selbst fehlt dazu der notwendige Abstand. Aber wenn in Familienunternehmen über die „Power of Stories" und die „Macht der Haltung", über Traditionen und Vorbilder gesprochen wird, weiß ich aus eigener Anschauung, um was es geht. Ich hoffe, dass die heranwachsende Generation ein neues Kapitel in der Geschichte vieler Familienunternehmen aufschlägt. Es wäre schön, wenn dieses Buch dazu einen Beitrag leistet.

Inhaltsverzeichnis

Einleitung

Unternehmer braucht das Land

Der Boom neuer Internet-Start-ups im Umfeld des Mitmach-Web2.0 täuscht. Ausgerechnet in den Boomjahren 2006 und 2007 drohen Deutschland die Unternehmer auszugehen. Im Jahr 2006 wurden nur noch rund 162.000 größere Betriebe gegründet, 5,2 Prozent weniger als im Vorjahr. Im ersten Halbjahr 2007 zählte das statistische Bundesamt rund 80.000 neu gegründete Betriebe, deren Rechtsform und Beschäftigtenzahl auf eine größere wirtschaftliche Bedeutung schließen lassen. Das waren sieben Prozent weniger als im ersten Halbjahr 2006. Der DIHK-Gründerreport meldet, 2006 hätten sich drei Prozent weniger Menschen für die Errichtung eines Unternehmens interessiert als 2005. Bei den Klein- und Nebenerwerbsbetrieben ist der Gründungsboom ausgelaufen, seit die Existenzgründungsförderung reformiert wurde. Die Selbstständigenquote (an den Erwerbstätigen) stagniert bei 10,6 Prozent. Sie liegt niedriger als in vielen anderen Ländern.

Trotz der neuen Welle der E-Entrepreneuership ist es um die Kultur der Selbstständigkeit in Deutschland schlecht bestellt. 2006 wollten nur noch 4,2 Prozent der Deutschen ein Unternehmen gründen oder haben es vor weniger als dreieinhalb Jahren bereits getan. Mit dieser Gründungsquote liegt Deutschland auf Platz 37 unter 42 Ländern. Demografisch bedingt sinkt die Zahl der Jungunternehmer (30 bis 39 Jahre) von gegenwärtig 140.000 auf rund 90.000 im Jahr 2050.

Die Demografie verschärft die Nachfolgeproblematik: jährlich suchen 70.000 Unternehmer einen Nachfolger, in den nächsten fünf Jahren etwa 350.000. Familien- und eigentümergeführte Betriebe finden immer schwieriger einen Nachfolger in den eigenen Reihen. Die Anti-Kapitalismusdebatte beschädigt und verzerrt das Unternehmerbild. Das sind keine guten Voraussetzungen, um Deutschlands Unternehmerlücke zu schließen. Dies ist aber das Gebot der Stunde, um Investitionen, Wachstum und Beschäftigung zu steigern. Gründungen sind ein Jungbrunnen, eine Frischzellenkur für die Wirtschaft.

Unternehmerisches Denken muss gefördert und der Wille zur Selbstständigkeit gestärkt werden.

Das Buch „Der Unternehmer-Code" will die Geheimnisse des Werdens eines Unternehmers, seiner wichtigsten Anlagen, seiner Erziehung und seines Erfolges entschlüsseln. Sie liegen nicht nur in seinem Wissen und Können, sondern vor allem in seiner Persönlichkeit. Die Leser sind eingeladen, an einer Forschungsexpedition teilzunehmen, den Unternehmer-Code zu knacken. Ob es den Code wirklich gibt, ist unter Wissenschaftlern verschiedener Disziplinen umstritten. Aber auch wenn jeder Unternehmer anders ist, so ähneln Unternehmer einander in vielem. Es gibt persönliche Eigenschaften, die Gründer und Mehrgenerationenunternehmer auszeichnen. Das Buch beschreibt diese unternehmertypischen Persönlichkeitsmerkmale und bewertet ihre Relevanz für den Schritt in die Selbstständigkeit und den geschäftlichen Erfolg.

Ein wichtiges Ziel dieses Buches ist es, potenziellen Gründern die Angst vor dem Scheitern zu nehmen. Diese Angst steckt den Deutschen tief in den Knochen und ist das größte Gründungshemmnis. Nach einer repräsentativen Umfrage würde jeder zweite erwachsene Deutsche im Alter von 18 bis 64 aus Angst vor dem Scheitern eine Unternehmensgründung unterlassen. In den USA würde sich nur jeder fünfte Amerikaner aus Angst vor dem Scheitern nicht selbstständig machen.

Deutschland wird seine Zukunft nicht sichern, wenn wir ein Land von Handlungszwergen (Würth) bleiben.

Wer zu diesem Buch in der Hoffnung greift, eine Handlungsanweisung für „Wer wird Millionär?" zu finden, wird es schnell enttäuscht aus der Hand legen. Zwar ist es gut, dass das Unternehmerbild nicht nur vom Workaholic-Image bestimmt wird – das Gegenbild des Playboys hat es aus der Yellow-Press heraus nie in die Qualitätsmedien geschafft – aber der Traum vom Reichtum durch eine Unternehmensgründung muss sich

nicht erfüllen. In Deutschland gab es 2001 12.500 Einkommensmillionä-
re. Sie versteuerten ein jährliches Einkommen von einer Million oder
mehr. Das meiste Geld stammte aus Kapitalvermögen, aus nicht selbstständiger Arbeit und zu einem etwas geringeren Anteil aus einem Ge-
werbebetrieb.

Bessere Verdienstmöglichkeiten spielen unter den Gründen für den
Schritt in die Selbstständigkeit schon eine Rolle, aber andere Motive sind
für die Entscheidung, unternehmerisch tätig zu sein, wichtiger. Dazu
gehören die Unabhängigkeit und höhere Selbstbestimmtheit, der starke
Leistungswille und die größere Verantwortung sowie die Übernahme des
Unternehmens von Familienangehörigen.

Die kleinen und mittleren Unternehmen (KMU) – die meisten sind inhabergeführte Familienunternehmen – bilden das Rückgrat der deutschen
Wirtschaft. Über 90 Prozent aller Firmen in Deutschland sind KMU. Sie
beschäftigen 70 Prozent aller Arbeitnehmer, bilden fast 80 Prozent der
Lehrlinge aus und zeichnen sich durch die Einheit von Eigentum, Leitung, Haftung und Risiko aus. Jedes neu gegründete Unternehmen schafft
im Durchschnitt zwei bis drei Arbeitsplätze. Auch deshalb gilt bei einer
Arbeitslosigkeit von vier Millionen der Satz „Unternehmer braucht das
Land".

Verschiedene Eignungstests zeigen, dass weit mehr Menschen in
Deutschland das Zeug zum Unternehmer haben, als sich tatsächlich
selbstständig machen. Dieses Potenzial gilt es zu nutzen. Deutschland
braucht eine Kultur der Selbstständigkeit und eine Kultur der zweiten
Chance. Denn es sind die Unternehmer, die mit neuen Produkten und
Verfahren für Wachstum, Beschäftigung und Wohlstand sorgen. Sie geben und schaffen Arbeit.

Nur wer wagt gewinnt. Das gilt für den zum Risiko bereiten Unternehmer wie für die Gesellschaft insgesamt.

Aller Anfang ist schwer, der eines Unternehmers ist doppelt schwer. Für
Unternehmer gibt es keine 35-Stunden-Woche. Unternehmensgründer
arbeiten in den ersten Jahren 60 und mehr Stunden in der Woche. Und sie
müssen die Kraft und Nerven haben, mit einem stark schwankenden
Einkommen zurecht zu kommen.

Marktanalysen, Business- und Finanzierungspläne sind beim Start in die Selbstständigkeit unverzichtbar. Aber noch wichtiger ist die Gründerperson. Zum Studium an der European Business School gehört aus gutem Grund die Persönlichkeitsentwicklung, das Erlernen und Erproben der Teamfähigkeit, das Zeigen von Problem- und Konfliktlösungsbewusstsein, von Führungs- und Verantwortungsbereitschaft und die Herausbildung einer kommunikativen Kompetenz. Studentische Initiativen zielen auf die Entwicklung und Stärkung von Verantwortung, Eigeninitiative, Kreativität, Organisationstalent und Teamfähigkeit. Dieses Buch konzentriert sich auf den Unternehmertyp, auf charakteristische Persönlichkeitsmerkmale, die viele Unternehmer auszeichnen.

KMU sollte mehr sein als nur die Abkürzung für Mittelstand, es sollte auch ein Kürzel für ein Powerprogramm sein. KMU, was den Unternehmer erfolgreich macht, das sind Kreativität und Können, dass ist Mut und Mumm, das ist seine Unabhängigkeit und seine Unbeirrbarkeit.

Am Beginn jeder Unternehmensgründung steht die Geschäftsidee. Die richtige Idee zur richtigen Zeit in der richtigen Branche, das ist das Erfolgsgeheimnis vieler Unternehmer. Aber der Erfolg kommt nicht über Nacht. Manchmal ist sogar der Misserfolg schneller. Andreas Stihl ist im ersten Anlauf ebenso gescheitert wie Werner Otto, aber er war im zweiten Anlauf erfolgreich. Auch Artur Fischer, dem Erfinder-Unternehmer mit mehr als 1.100 Patenten, glückt keineswegs alles auf Anhieb. Er ist 39 Jahre alt, als er den Spreizdübel erfindet. Sein erster Haltebolzen ist ein Reinfall. Aber Fischer folgt seinem „Geht nicht, gibt's nicht. Es geht so nicht, das gibt's." Aufgeben fasst er auf wie Fahnenflucht.

Unternehmer stehen für das Gelingen, für Erfolg und Sieg, verlieren können sie schlecht.

Der Unternehmer – ein nicht ganz so guter Bekannter

Wer würde schon von sich behaupten, Unternehmer seien für ihn unbekannte Wesen? Schließlich kennen die meisten Bürger Unternehmer als Arbeitgeber, als Handwerker, Händler, seltener als Erfinder, als Mäzene und Wohltäter, als vermeintlich skrupellose geld- und machtgierige Ausbeuter aus Spielfilmen und als „Heuschrecken" aus der Kapitalismuskritik. Durch eigene Erfahrungen gehärtete Urteile mischen sich mit vagen Vorurteilen und in Blei gegossenen Klischees.

Helle, aber auch dunkle Farben kennzeichnen das irritierende Unternehmerbild in Deutschland. Über fünfzig Prozent der deutschen Bevölkerung schreiben dem Unternehmer positive Eigenschaften zu wie Tatendrang, Kraft, Risikobereitschaft, Fleiß, Innovationsoffenheit und das Schaffen von Arbeitsplätzen. Dies haben das Institut für Demoskopie Allensbach und das Bonner Institut für Mittelstandsforschung herausgefunden. Aber vierzig Prozent betonen negative Aspekte wie politischer Machtanspruch, Rücksichtslosigkeit, Arbeitssucht, Verschlagenheit und Raffgier.

Die Deutschen glauben, ihre Unternehmer gut zu kennen. Da verwundert es auf den ersten Blick schon, wenn die Frankfurter Allgemeine Zeitung am 23. Mai 2006 einen Bericht über eine Tagung von Wirtschaftswissenschaftlern mit der Überschrift versieht: „Der Unternehmer, das unbekannte Wesen."

Besser hätte es wohl heißen müssen, das unbekannte Wesen des Unternehmers. Denn an funktionalen Definitionen des Unternehmers mangelt es nicht. Joseph Alois Schumpeter hat mit seinem Begriff des risikobereiten Innovators und kreativen Zerstörers bei den meisten dieser Definitionen Pate gestanden. Für ihn ist der Unternehmer ein Pionier, der neue

Faktorkombinationen am Absatzmarkt durchsetzt, der neue Dinge tut oder Dinge neu tut, ein statisches Gleichgewicht verhindert und für wirtschaftliche Dynamik sorgt.

Der Begriff des „Entrepreneurs" stammt aus dem 18. Jahrhundert. Für Richard Cantillon war der Entrepreneur ein Risiko tragender Zwischenhändler, der Arbitragegeschäfte macht und dabei den möglichen Verlust eigener Mittel bewusst in Kauf nimmt. Der von Cantillon in der englischen Version seines „Essai sur la Nature du Commerce en General" gebrauchte und damals übliche Begriff des „undertakers" hat sich heute allerdings auf einen zumeist in tiefschwarz gekleideten, Zylinder tragenden Unternehmer verengt. Undertaker sind im Englischen Totengräber. Das ist aber wohl kaum das von den meisten Unternehmensgründern bevorzugte Geschäftsfeld.

Auch wenn einige Unternehmer ihren Traum von der Selbstständigkeit wieder begraben müssen, weil ihre Geschäftsidee nicht zündet oder die Finanzierung platzt, Hasardeure sind Unternehmer in der Regel nicht. Sie gehen überschaubare, keine unkalkulierbaren Risiken ein. Risiken einschätzen, sie bewerten zu können und dann den Mut zu haben, diese Risiken zu tragen, gehört sicherlich zu den wichtigsten persönlichen Eigenschaften eines Unternehmers. Wer generell Risiken scheut, sollte die Finger von einer unternehmerischen Selbstständigkeit lassen. Risikoscheue zögern so lange, bis auch die letzte Chance vorbeigezogen ist. Die unternehmerische Kernkompetenz schlechthin ist die Risikoneigung jedoch nicht. Sie ist nur eine von mehreren Kennziffern des Unternehmer-Codes.

Die Jenaer Entwicklungspsychologin Eva Schmitt-Rodermund erinnert daran, dass schon der Volkswirt Werner Sombart im Jahre 1909 Unternehmer so beschrieben habe: „Es sind Männer … ausgerüstet vor allem mit einer außergewöhnlichen Vitalität, aus der ein übernormaler Betätigungsdrang, eine leidenschaftliche Freude an der Arbeit, eine unbändige Lust an der Macht hervorquelle …, Männer mit prononciert intellektual-volontaristischer Begabung, mit gering entwickeltem Gefühls- und Gemütsleben. Robuste Naturen in dem Doppelsinne: robust zur Bewältigung großer Arbeitspensa und Niederwerfung von Hindernissen, robust aber auch in der Lebensbetrachtung und Lebenserwartung. Menschen – mit dem Beile zugehauen. Smarte Männer."

Wie wichtig die Persönlichkeit für den Erfolg der Unternehmensnachfolge ist, zeigen viele Umfragen. Bei einer Befragung durch die Handelskammer Hamburg nannten gut 80 Prozent als entscheidende Faktoren für die Unternehmensnachfolge die persönliche Eignung, noch vor der fachlichen Kompetenz (75,7 Prozent). Auf die Frage der Süddeutschen Zeitung, warum ausgerechnet Familienunternehmer so viel Wert auf Persönlichkeitsbildung legen, antwortet Torsten Groth, wissenschaftlicher Mitarbeiter am Institut für Familienunternehmer der Universität Witten Herdecke: „Sie brauchen jemanden, der potenziell in ihre Fußstapfen treten kann und dabei den Mut mitbringt, auch ungewöhnliche Wege einzuschlagen. Der seinem Bauchgefühl folgt und zu Entscheidungen steht, auch wenn sich der Rest der Welt gegen ihn stellt. Mithin: Sie suchen jemanden, der so ist, wie sie zu Beginn ihrer Karriere einmal waren. Leider machen sie die Erfahrung, dass es schwer ist, solche Mitarbeiter zu bekommen ... Wer neue Felder erschließt, muss seiner Intuition vertrauen und dann· Augen zu und durch! Gute Ideen lassen sich nicht absichern."

Um herauszufinden, ob jemand das Zeug zum Unternehmer hat, ob jemand den Unternehmercode in sich trägt, haben mehrere Wissenschaftler psychologische Tests entwickelt. Einer von ihnen ist Professor Günther F. Müller. Der Arbeits- und Organisationspsychologe lehrt an der Universität Koblenz-Landau. Sein Unternehmer-Test prüft, ob ein Proband zwölf persönlichkeitsspezifische Eignungsmerkmale besitzt. Bis zum Frühjahr 2007 hatten über 1.000 Personen diesen Eignungstest gemacht. Müller unterscheidet zwischen motivationalen, antriebsbedingten Merkmalen, affektiven und funktionalen Merkmalen wie der „Kernkraft" eines Unternehmers, kognitiven wie dem Besitz eines klaren Verstandes und sozialen Merkmalen.

Zu den wichtigsten motivationalen Merkmalen zählt Müller das Streben nach Unabhängigkeit und einen starken Leistungswillen. „Leistungsmotivstärke" ist nach der Auffassung vieler Wissenschaftler ein zentrales

Merkmal des Unternehmers. Seit einer 1979 von McClelland veröffent-
lichten Studie ist sich die Forschung einig, dass Leistungsorientierung
eine für Unternehmensgründer unabdingbare persönliche Anforderung
ist.

Das sehen auch die Giessener Arbeits- und Organisationspsychologen
Professor Michael Frese und Dr. Andreas Rauch so. Sie haben für ihre
Meta-Studie „Born to be an Entrepreneur-Revisiting the personality ap-
proach to entrepreneurship" mehr als 50 Untersuchungen mit über
18.000 Unternehmern ausgewertet. Darin schreiben sie, Geschäftsinhaber
zeigen im Vergleich zu anderen Menschen einen starken Leistungswillen.
Ihre Leistungsorientierung korreliere positiv mit ihrem Geschäftserfolg,
das Leistungsbedürfnis sei ein wichtiger Charakterzug des erfolgreichen
Unternehmers.

Als andere Persönlichkeitszüge, die in positiver Relation zum Geschäftserfolg eines Unternehmers stehen, nennen die Giessener Forscher die
Risikoneigung, die Innovationsstärke, den Glauben, selbst für sein
Schicksal und seine Zukunft verantwortlich zu sein und die Überzeugung
der Selbstwirksamkeit. Sie warnen jedoch zugleich vor dem Missverständnis, das gesamte Verhalten eines Unternehmers sei durch seine
Charakterzüge bestimmt. Persönliche Charakterzüge seien eine Disposition, keine Determination.

Aber zurück zu Professor Müller, dem Landauer Arbeits- und Organisationspsychologen. Unter den affektiven Merkmalen von Unternehmern
schreibt Müller der emotionalen Stabilität, der Belastbarkeit und dem
Beharrungsvermögen einen hohen Rang zu.

Als kognitive Eigenschaften eines erfolgreichen Unternehmers nennt der
Landauer Psychologe „Problemlöseorientierung, Ungewissheitstoleranz
und die Risikoneigung". Unternehmer sind in aller Regel nicht intelligen-
ter als abhängig Beschäftigte, aber sie gehen Probleme anders an, entweder rational-analytisch oder, wie dies häufig Frauen tun, intuitiv-kreativ.

Ein Unternehmer kann ungewisse neue Situationen aushalten und gestaltet sie kreativ. Müller: „Menschen, die gegenüber Ungewissheit intole-
rant sind, haben es gern ordentlich, überschaubar und strukturiert. Sie

sitzen am liebsten in den Kästchen einer Organisation und möchten wissen, was sie tun sollen. Wenn sie in offene Situationen geraten, fühlen sie sich unbehaglich."

Zu den sozialen Persönlichkeitsmerkmalen von Unternehmern zählt Müller die Durchsetzungsbereitschaft und Anpassungsfähigkeit. Aber wo bleibt auf dieser Merkmalsskala die unternehmerische Innovationskraft, seine Kreativität? Müllers Antwort: „Die Kreativität ist nach dieser Klassifizierung eine Kombination von intuitiver Problemlöseorientierung, der Orientierung an einer Vision, von Ungewissheitstoleranz und sozialer Anpassungsfähigkeit, der Fähigkeit, sich auf andere Situationen und Personen einstellen zu können." Ungewissheitstoleranz ist die grundlegende Voraussetzung für die Entfaltung von Kreativität. „Der kreative Akquisitionstypus", wie Müller ihn nennt, findet sich verstärkt in der „New Economy".

Eine sprachlich schwer zu entschlüsselnde Ziffer des Unternehmercodes verbirgt sich hinter der internalen Kontrollüberzeugung und hohen Selbstwirksamkeit. Damit meinen Psychologen, dass Unternehmer sich selbst für ihr Schicksal verantwortlich fühlen und davon überzeugt sind, dass sie die Dinge in den Griff bekommen. Sie orientieren sich daran, was sie selbst können, während external Kontrollierte auf die Hilfe anderer bauen.

Um die sperrigen Begriffe leichter verstehen zu können, verweist Müller auf den einfacheren Begriff, den Professor Heinz Klandt für „internale Kontrollüberzeugung" gefunden hat. Klandt spricht von der Machbarkeitsüberzeugung des Unternehmers. Unternehmer sind überzeugt davon, berichtet Müller, Aufgaben, die sich stellen, selbst lösen, die Initiative ergreifen und zu Ende bringen zu können. Unternehmer wissen einfach, sie schaffen das, bringt Müller die „internale Kontrollüberzeugung" auf den Punkt. Für den unternehmerischen Erfolg entscheidende, wenn auch in seinem Test noch nicht enthaltene Merkmale sind für Müller Durchhalte- und Beharrungsvermögen.

Top-Führungskräfte in Großunternehmen mit unternehmerischer Verantwortung, mit Dispositionsbefugnis und eigenen Budgets wie die Leiter von Profitcentern oder Filialunternehmen unterscheiden sich nach dem

Müller-Test in ihrer Eignung nicht von Eigentümer-Unternehmern. Aber bei Managern auf unteren Ebenen ist dies anders. Die Autoren Martina Voigt, Hans-Jürgen Weißbach, Ingeborg Böhm und Bernd Röcken urteilen in einer Studie über Start-up-Unternehmen (Quem-Report, Heft 93), der angestellte Manager in komplexen Großorganisationen nehme in der Regel die Ziele und Orientierungen von anderen entgegen, konkretisiere sie allenfalls für seinen Bereich und richte die Mitarbeiter daran aus. Auch wenn sie erfolgsorientiert arbeiteten, gingen angestellte Manager doch bei weitem nicht die Risiken ein wie der Entrepreneur. Dieser handle opportunitätsgesteuert, setze Ziele und kreiere Organisationsentwürfe, die über die gegenwärtig verfügbaren Ressourcen hinausgehen.

Professor Heinz Klandt , Inhaber des Stiftungslehrstuhls Entrepreneurship an der European Business School bringt den Unterschied zwischen Unternehmer und Manager auf die Kurzformel, der typische Unternehmer denke langfristig, in der Lebens- und Generationenperspektive, der Manager sei dagegen auf den kurzfristig nachweisbaren Erfolg ausgerichtet.

Die Auswertungen der Müller-Eignungstests haben ergeben, dass der Anteil derjenigen, die das Zeug zum Unternehmer haben, deutlich größer ist als der Anteil der tatsächlich unternehmerisch und selbstständig Tätigen an den Erwerbstätigen. 2007 lag der Selbstständigen-Anteil bei 10,6 Prozent. Der Anteil, der für eine Unternehmertätigkeit geeigneten Testpersonen sei im Minimum doppelt so hoch, meint Müller.

Ohne Eignung ist zwar alles nichts, aber Eignung ist auch längst nicht alles. Sie trägt nach den Landauer Berechnungen nur zu 20 bis 25 Prozent zu der Entscheidung bei, den Schritt in die Selbstständigkeit zu wagen. Hinzukommen müssen fachliches Können, Glück, die richtige Gelegenheit und die Unterstützung des familiären und sozialen Umfeldes.

Die Wissenschaft diskutiert darüber, ob unternehmerische Persönlichkeitsmerkmale Heranwachsende verstärkt selbstständige Berufstätigkeiten wählen lassen oder ob sich selbstständigkeitsrelevante Persönlichkeitsmerkmale erst in der Auseinandersetzung mit unternehmerischen Aufgaben herausbilden. Einige Untersuchungen sprechen eher für das

Erstere, für die Selektionsthese. Zwillings- und Adoptionsstudien erklären 40 bis 50 Prozent der Unterschiede bei Persönlichkeitsmerkmalen mit genetischen Einflüssen. Adoptionskinder weisen zum Beispiel in ihren Persönlichkeitsmerkmalen mehr Ähnlichkeiten mit ihren leiblichen Eltern auf als mit den für sie sorgenden Adoptiveltern. Warum sollen dann nicht auch unternehmertypische persönliche Eigenschaften vererbt werden?

Nach dem eingangs zitierten Bericht der FAZ hat der kanadische Nobelpreisträger Robert Mundell die Ansicht vertreten, „Entrepreneurship" könne man nicht lernen, sie sei letztlich ein Instinkt. Rund fünf Prozent der Weltbevölkerung hätten das wundersame und wunderbare unternehmerische Gen. Diese Menschen seien Antriebsmotor der Zivilisation. Müller hält Mundells Fünf-Prozent-These für wissenschaftlich nicht fundiert und viel zu hoch gegriffen.

Er bezeichnet nur einen Teil der unternehmerischen Persönlichkeitsmerkmale als genetisch bedingt. Dazu zählt der Arbeits- und Organisationspsychologe die emotionale Stabilität, das gelassene Durchstehen frustrierender Situationen ohne überzureagieren. Der Leistungsmotivstärke und der Ungewissheitstoleranz schreibt Müller dagegen keine starke genetische Prädisposition zu. Sie werde eher in der frühen Kindheit geprägt.

Um die Größe des genetischen Einflusses schätzen zu können, wurde in Großbritannien 2006 die berufliche Situation von über tausend eineiigen und zweieiigen Zwillingen untersucht. Wie Müller in einem Kapitel über berufliche Selbstständigkeit schreibt, das in einem Lehrbuch über Wirtschaftspsychologie erscheint, zeigte sich dabei, dass die Affinität für eine selbstständige oder unternehmerische Berufstätigkeit zu knapp 50 Prozent auf genetischer Prädisposition beruht. Ein substanzieller genetischer Einfluss auf eine spätere unternehmerische Tätigkeit ist vorhanden. Müller meint, man könne deshalb durchaus von einem Code sprechen. Allerdings könne die Forschung noch nicht konkretisieren, aus welchen einzelnen Merkmalen dieser Code bestehe.

Irritieren lässt sich von solchen Forschungslücken mancher Gründer nicht. Ein t.Koettgen sucht im Internet unter der Headline „Hast Du das Unternehmer-Gen?" ähnlich tickende Gründungspartner für ein Erfolg versprechendes Geschäftsmodell. Im Internet-Expertennetz-21-Forum lässt Silvia Wittek keinen Zweifel daran, dass es ein Unternehmer-Gen gibt. Silvia Wittek ist Gesellschafterin und Geschäftsführerin der Schornstein-Feuerungstechnik, der SKF-GmbH, einer kleinen mittelständischen Firma in Köln. Die Frau im Männerberuf ist sich buchstäblich nicht zu schade, sich die Hände schmutzig zu machen. Sie packt zu, auch in Chats.

Silvia Wittek weiß genau, was das für Menschen sind, die das U-Gen haben. Damit ihrem temperamentvollen, Funken schlagenden Plädoyer nichts an Überzeugungskraft genommen wird, soll sie mit ihrer Gen-Theorie selbst zu Wort kommen.

Menschen mit dem U-Gen, „das sind Menschen, die bereit sind, ein großes Risiko einzugehen; mit ihrem ganzen Hab und Gut zu haften; jeden Tag um ihre Existenz zu kämpfen, aus dem Nichts etwas aufzubauen, 14 Stunden und mehr am Tag – wenn nötig sieben Tage in der Woche – zu arbeiten; Entscheidungen zu treffen und auch die Konsequenzen dieser Entscheidungen zu tragen; sich selbst auf ein Minimum einzuschränken, wenn der Laden mal nicht läuft; erarbeitete Gewinne zu reinvestieren anstatt diese für einen teuren Urlaub zu verwenden; Arbeitsplätze zu schaffen; die soziale und moralische Verantwortung für ihre Mitarbeiter zu übernehmen; sich ständig weiterzuentwickeln und weiterzubilden, flexibel zu sein und sich stetig an neue Entwicklungen anzupassen; Ideen auch in die Praxis umzusetzen; Rückschläge einfach wegzustecken und weiterzumachen, immer nach vorne zu sehen, sich durch nichts auf ihrem Weg beirren zu lassen; niemals aufzugeben, das Aufgebaute zu erhalten und weiter auszubauen; für sich selbst zu sorgen und die Verantwortung zu tragen; positiv zu denken, keine Ausreden für Rückschläge zu finden, sondern Selbstkritik zu üben, sich selbst zu verbessern, an sich selbst zu arbeiten, zu agieren anstatt zu reagieren ... Wer dazu nicht bereit ist, wird scheitern. Also weisen Unternehmer schon spezielle Merkmale auf, die sie von anderen Menschen unterscheiden."

Der Trierer Verhaltensgenetiker Professor Jobst Meyer lässt sich von Silvia Witteks Temperament nicht mitreißen. Er bleibt auf Distanz zur populären These des U-Gens und dessen Erblichkeit. Der postulierte

Erbgang stimme nicht. Es sei nicht ein Gen, sondern es seien mit Sicherheit viele, die Persönlichkeitseigenschaften modulieren. Meyer erklärt und begründet seinen Standpunkt so:

„Aus verhaltensgenetischer Sicht zählen Persönlichkeitsmerkmale wie die genannten zu den „komplex" vererbten Eigenschaften, das sind solche, deren genetischer Anteil durch das zufällige Zusammentreffen von bestimmten Varianten mehrerer Gene, und nicht nur eines, in einer Person moduliert wird. Kandidatengene für das Ausmaß individueller „Aktivität" beispielsweise liefern die Bauanleitungen für zelluläre Rezeptoren und Transporter des Botenstoffes Dopamin – diese spielen wahrscheinlich auch beim Hyperaktivitäts- und Aufmerksamkeitsdefizitsyndrom bei Kindern eine Rolle. Solche Kombinationen von Genvarianten lösen sich gewöhnlich in der nächsten Generation wieder auf. Der genetische Mechanismus der komplexen Vererbung könnte erklären, warum Eigenschaften wie Neugier, Risikobereitschaft und Fleiß manchmal in einer Person vereint werden, und eineiige Zwillinge sich hierin auch ähneln. Dass die Kinder von Unternehmern solche Eigenschaften von ihrem Unternehmer-Elternteil gleichsam als Bündel erben, wie es bei der Existenz des postulierten U-Gens der Fall sein müsste, mag zwar vielfach im Hinblick auf die Fortführung von Unternehmen als Lebenswerke gewünscht werden, ist aus genetischer Sicht jedoch nicht haltbar."

Auch Heinz Klandt verhehlt seine Skepsis nicht. Er zweifelt an der Existenz eines Unternehmer-Codes. Klandt hat mit der Übernahme des KFW-Stiftungslehrstuhls für Entrepreneurship an der European Business School (EBS) im Jahre 1998 eine der jüngsten wirtschaftswissenschaftlichen Disziplinen in Deutschland begründet. Der altbackene Begriff des Unternehmertums war Klandt nicht sexy genug. Auch gehe es bei Entrepreneurship-Lehre mehr um das Erkennen und Umsetzen von Chancen, zum Beispiel durch Neugründungen, erläutert Klandt die Wahl des Begriffes „Entrepreneurship". Zu Beginn des Jahres 2007 existierten in Deutschland bereits sechzig Gründungslehrstühle und Professuren für Entrepreneurship. Die vor allem betriebswirtschaftlich ausgerichtete Disziplin hat sich in Deutschland etabliert.

Klandt, der deutsche Pionier dieser avantgardistischen Disziplin, forscht und lehrt in einer mittelalterlichen Spitzweg-Idylle in dem unweit von Wiesbaden am Rhein gelegenen Weinort Oestrich-Winkel. Das schwedische Heer hat hier während des Dreißigjährigen Krieges viele Häuser niedergebrannt, aber die meisten wurden wieder aufgebaut. Ein Fachwerkhaus aus dem Jahre 1683 beherbergt den Gründungslehrstuhl und den EBS-Ecubator. Das Lehrstuhlgebäude liegt am Markt direkt gegenüber dem alten Rathaus. Heute wird das ehemalige Rathaus als Bistro-Cafe genutzt.

Beim Betreten des Gebäudes und Hinaufsteigen in den zweiten Stock zu Klandts Arbeitszimmer zieht ein süßlich-säuerlicher Geruch die Treppe hinauf. Studenten betreiben im Keller eine Kneipe. Sie sammeln erste unternehmerische Erfahrungen. Vielleicht dient der Kneipenbetrieb aber auch als Rückversicherung für den Fall, dass sich die guten Karriereperspektiven der EBS-Absolventen einmal nicht erfüllen sollten. Wenn die Wirtschaft in der Wirtschaft stattfindet, dann haben sich die Studenten jedenfalls kein schlechtes Trainingsfeld gesucht.

Der Kneipengeruch stört Klandt nicht. Seine eigene Fröhlichkeit kommt auch nicht aus dem Kneipenkeller, sondern ist ihm in die Wiege gelegt. Die These von der kindlichen Wiege als ein Erklärungsversuch für eine spätere erfolgreiche unternehmerische Tätigkeit überzeugt ihn allerdings nicht. Er sieht die populäre These einer Unternehmer-DNA, wenn auch die Wissenschaft und er selbst danach forschen, kritisch. Sie sei nicht haltbar, weil sie von der Homogenität der Unternehmerrolle ausgehe, meint Klandt. Den Unternehmer schlechthin gebe es aber gar nicht. Der Markthändler in Oestrich-Winkel habe mit Bill Gates wenig gemein.

Die Anforderungen an einen Unternehmer seien höchst unterschiedlich, je nachdem, wo er tätig sei, in welcher Branche, in welchem Umfeld, in einem großen oder in einem kleinen Betrieb. Niemand käme auch auf die Idee einen Fließbandarbeiter mit einem Jet-Piloten zu vergleichen, nur weil beide abhängig beschäftigt seien.

Klandt glaubt nicht, dass es ein spezifisches Unternehmer-Gen gibt. Mundells Behauptung, fünf Prozent der Weltbevölkerung hätten das Unternehmer-Gen, nennt Klandt schlicht unwissenschaftlich, durch keine Untersuchung belegt. Schwarz-Weiß-Zeichnungen gingen an der Sache vorbei.

Er bezweifelt auch, dass es sinnvoll ist, nach typischen Unternehmereigenschaften zu forschen. Ein Unternehmer mit Mittelwerten solcher typischen Eigenschaften könne ein Versager sein. In einem kausalen Netzwerk stünden die Größen in einer Vielzahl von Beziehungen, gebe es interaktive und substitutive Effekte. Selbst bei einer identischen Unternehmerrolle könne diese von dem einen aufgrund bestimmter Stärken ganz anders ausgefüllt werden als von einem anderen. Mit einer sehr verbindlichen Art könne zum Beispiel der eine Unternehmer alles reißen und mögliche Schwächen in der Organisation und im Rechnungswesen überspielen. Dagegen könne ein kühler Kostenrechner nicht auf den grünen Klee kommen, weil er nicht mit Kunden umgehen könne, weil es ihm an Sozialkompetenz mangelt.

Klandt hat noch einen Einwand parat: Viele, besonders Technologie getriebene Gründungen seien Teamgründungen. Dann komme es darauf an, dass nicht jeder einzelne Gründer, sondern das Team insgesamt bestimmte Kompetenzen habe.

Ob sich jemand selbstständig mache oder nicht hänge zu 70 bis 80 Prozent von der Situation und zu 30 bis 20 Prozent von den Eigenschaften, Neigungen und Interessen ab. Eine verlässliche Prognose, ob er dann erfolgreich sein wird, ließen die Erkenntnisse der Forschung noch nicht zu. Klandt vermutet, der Erfolg hänge zu fünfzig Prozent von situativen und zu fünfzig Prozent von persönlichen Komponenten, von Eigenschaften und Fähigkeiten, ab.

Sicher sei, dass Branchenerfahrung für einen Gründungserfolg sehr wichtig sei. Unter den persönlichen Eigenschaften misst auch Klandt der Leistungsmotivstärke, die eng verbunden sei mit der internalen Kontrollüberzeugung und der Selbstwirksamkeit, eine hohe Bedeutung zu. Klandt: „Der Unternehmer sucht Wettbewerbssituationen, Herausforderungen mit mittleren Risiken und Schwierigkeitsgraden. Er will sich mit anderen messen. Aber er ist kein Spieler. Er hat eine Lederhaut, kann professionell mit Ungewissheit umgehen. Geld ist für ihn ein Indikator seiner eigenen Leistungsfähigkeit."

Unter der für einen Unternehmer wichtigen Kreativität versteht Klandt vor allem das Erkennen von Geschäftschancen („opportunity recognition"). Der erfolgreiche Unternehmer durchdenkt seine Geschäftsidee und setzt sie bis ins Kleinste täglich in tausende zu treffenden Einzelentscheidungen um. „Wer nur eine Superstrategie hat, sie aber dilettantisch umsetzt, wird nie erfolgreich sein."

Ein Unternehmer müsse natürlich auch Beharrungsvermögen haben. Aber darin liege vielleicht auch die Tragik gerade mancher Erfinderunternehmer, die zuweilen nicht von noch so abstrusen Ideen lassen können. Klandt: „Der einzige Experte, der eine Idee zuverlässig beurteilen kann, ist der Markt. Man muss die richtige Idee zum richtigen Zeitpunkt in der richtigen Branche haben. Unternehmerischer Erfolg bleibt auch immer ein Stück Glück. Man darf aber auch kein Handlungszwerg sein, sondern muss die Dinge professionell vorantreiben."

So mancher Unternehmensgründer ist nach Klandts Erfahrung ein Hierarchie-Flüchtling. „Unternehmer lassen sich nicht gern von anderen dominieren. Im Zweifelsfall sind sie lieber selbst dominant." Das Hierarchieproblem zeigt sich bei vielen schon in der Schule oder im Studium. Deshalb gäbe es auch unter Unternehmern viele Schul- und Studienabbrecher.

In der Wissenschaft herrscht die Auffassung vor, dass es ein ganz spezifisches Unternehmer-Gen nicht gibt, wohl aber Persönlichkeitsmerkmale, die sich – wenn auch nicht im strengen genetischen Sinn – zu einem Unternehmer-Code ergänzen und durch elterliche und schulische Förderung die Entscheidung zur Selbstständigkeit begünstigen. Der wissenschaftliche Disput über ererbte oder erworbene Unternehmereigenschaften dürfte müßig sein, denn häufig sind solche Eigenschaften beides – geerbt und erworben.

Den Bedingungen für ein erfolgreiches Unternehmertum haben die Entwicklungspsychologen der Friederich-Schiller-Universität Jena nachgespürt. Sie haben psychologische Charakteristika erfolgreicher Unternehmer in Ostdeutschland erforscht und dabei einen Zusammenhang des Erfolges mit Persönlichkeitseigenschaften festgestellt. Wer ein unternehmerisches Profil aufweist gründet früher, wirtschaftet erfolgreicher und ist zufriedener mit den Erträgen der eigenen Arbeit. Dieses unternehmerische Profil zeichnet sich aus durch hohe Leistungsorientierung, Risikobereitschaft, Extraversion, Neugierde und Kreativität, gepaart mit Hartnäckigkeit und hoher psychischer Belastbarkeit.

Dr. Eva Schmitt-Rodermund befragte Jenaer Schüler und Studenten, um Korrelate frühen unternehmerischen Interesses zu finden. Die Ergebnisse dieser Befragungen entsprachen den Befunden bei Unternehmern. Danach verhilft eine autoritative Erziehung, ein zugleich Regeln setzender und warmer Erziehungsstil zu besserer Selbstwirksamkeit und stärkerer Leistungsorientierung. Diese beiden Persönlichkeitsmerkmale gehen schon in jungen Jahren mit Interesse an unternehmerischem Tun und Fähigkeiten einher, etwa in der Führung anderer, Sie tragen zu späteren unternehmerischen Aktivitäten bei.

Schmitt-Rodermund weiß auch die Antwort auf die Frage „Wer wird Unternehmer?" (Wirtschaftspsychologie, Heft 2, 2005). Sie hat die Daten einer us-amerikanischen Langzeitstudie erneut analysiert. Die Befunde dieser Analyse zeigen, dass die Wurzeln unternehmerischer Aktivität zumindest teilweise in Kindheit und Jugend zu finden sind. Unternehmerische Fähigkeiten und Interessen entwickeln sich im Zusammenspiel von Persönlichkeitseigenschaften und dem Kontext, in dem jemand aufwächst. Schon im Alter von dreizehn Jahren unterschied sich die Persönlichkeit der später selbstständigen von der der später abhängig beschäftigten Männer. Die späteren Unternehmer hatten auch mehr als andere das Glück, besonders unterstützend und reich an Anregungen erzogen worden zu sein. Erziehungsstil und Persönlichkeit bestimmte, ob im Jugendalter unternehmerische Interessen benannt und Fähigkeiten an den Tag gelegt wurden. Beides trug zu einer unternehmerischen Berufsorientierung bei. Vor allem bei Jungen, die nicht nur über die entsprechende

Persönlichkeit verfügten, sondern von den Eltern gefördert und gefordert wurden, zeigte sich eine starke unternehmerische Orientierung: Sie führte zu einer doppelt so hohen Gründungswahrscheinlichkeit. Unternehmer, die über ihr Werden zum Unternehmer berichten, schildern häufig Aktivitäten im Jugendalter wie den Verkauf eigener Produkte und das frühe Innehaben von Führungsrollen, das Aufwachsen in Unternehmerfamilien.

Schmitt-Rodermund plädiert dafür, früh unternehmerische Fähigkeiten, Kreativität, Autonomie und Führungsqualitäten vor allem bei entsprechend begabten Kindern und Jugendlichen zu fördern. Sie hat sich selbst beim Wort genommen und zusammen mit Elke Schröder ein Trainingsprogramm zur frühzeitigen Sensibilisierung für die unternehmerische Selbstständigkeit entwickelt und erfolgreich erprobt.

Schüler unternehmen was –
die Schülerfirma neoprendo

Gut gelingt die Ausprägung unternehmerischer Persönlichkeitsmerkmale
in Schülerfirmen. Elternhaus und Schule können viel dazu beitragen,
dass Kinder ein unternehmerisches Profil entwickeln, frei von Angst,
risikofreudig, neugierig, kreativ, fleißig und genau, leistungsorientiert,
selbstbewusst, durchsetzungsfähig und führungsstark sind. Alle Forde-
rungen nach einer Förderung des Entrepreneurship-Denkens in Deutschland bleiben auf Dauer folgenlos, urteilt das Institut für ökonomische
Bildung der Universität Oldenburg, wenn Kinder und Jugendliche nicht
mit den wesentlichen Strukturen und Prozessen in unserer Wirtschaft

vertraut gemacht werden. Das Institut fordert, eine zum Teil bestehende bedenkliche Trennung von Bildung und Wirtschaft im Bewusstsein der Öffentlichkeit aufzubrechen. An den Schulen kann das exemplarische Lernen, wie Wirtschaft funktioniert, nicht früh genug beginnen. Es gibt dafür auch Beispiele wie das der Jungunternehmerschule in Mecklenburg-Vorpommern (siehe Schlusskapitel).

Viele Landesregierungen haben Initiativen ergriffen, um das Verständnis für Wirtschaft zu erhöhen, um Schlüsselqualifikationen zu vermitteln, um Lehrer und Schüler früh für unternehmerische Selbstständigkeit zu sensibilisieren, um unternehmerisches Denken und Handeln zu fördern und Vorurteile gegenüber Unternehmern abzubauen.

Nordrhein-Westfalen hat 1998 das Pilotprojekt „Go! to School" gestartet. Es wurde vom Institut der deutschen Wirtschaft Köln entwickelt und durchgeführt. Das Projekt soll Schülern die Möglichkeit geben, die berufliche Selbstständigkeit als Berufsperspektive zu entdecken und Einblick in die unternehmerische Realität zu gewinnen. Der Info-Truck der Initiative hat bis zum Frühjahr 2007 bei 1.100 Schuleinsätzen 80.000 Schüler und 4.000 Lehrer erreicht, hunderte von Medienkoffern und Grundschulkoffern sind im Unterricht verwandt worden, 1.100 Lehrer haben an Workshops teilgenommen.

Bundesweit gibt es in einem starken Netzwerk rund 450 Arbeitskreise „Schule-Wirtschaft", in einem Bundesland einen Arbeitskreis „Schule und Selbstständigkeit".

Ohne überzeugte und engagierte Lehrer lässt sich allerdings Unternehmergeist an den Schulen nicht wecken. Ein grundlegendes Problem, urteilt das Institut für Mittelstandsforschung (IFM) 2005 in einem Arbeitsbericht über die Entrepreneurship-Ausbildung in deutschen Sekundarschulen, besteht in dem Mangel an entsprechend ausgebildeten Lehrern. Wirtschafts- und Bildungsministerien bemühen sich, möglichst viele Lehrer für Wirtschaftsthemen, für die Förderung unternehmerischer Selbstständigkeit zu sensibilisieren und zu aktivieren. Dabei rückt die Förderung der Innovationsfähigkeit und Problemlösungskompetenz von Schülern mehr und mehr in den Vordergrund.

Die internationale Unternehmensberatung The Boston Consulting Group (BCG) hat 1998 ihre Initiative für eine ökonomische Bildung *Business@school* (www.business-at-School.de) gestartet. Sie zielt auf die Klassen zehn bis dreizehn der gymnasialen Oberstufe. Die Schüler, die an einem *Business@school*-Projekt teilnehmen, lernen ein Kleinunternehmen kennen und Konzernbilanzen zu lesen. Zum Abschluss der zehnmonatigen Projektzeit entwickeln die Schüler eine Geschäftsidee. Für Praxisnähe sorgen Paten aus der Wirtschaft, BCG-Berater und Mitarbeiter anderer Unternehmen. *Business@school* wird entweder direkt im Schulunterricht oder als Arbeitsgemeinschaft angeboten.

Das Projekt will Verständnis für Wirtschaftfragen wecken, die Realität von Konzernen und mittleren Unternehmen sowie Schlüsselqualifikationen vermitteln, unternehmerisch zu denken lehren, die Auftritts- und Präsentationssicherheit verbessern, Teamarbeit einüben. Die Schüler sollen Spaß an Wirtschaftsthemen bekommen. In einem Wettbewerb wird die beste Geschäftsidee in Kombination mit einer überzeugenden Präsentation ausgezeichnet. 2007 gewann das Gymnasium aus Ottobrunn den *Business@school*-Wettbewerb mit der Idee eines Gurtsystems, das Snowboardern die Fahrt im Schlepplift erleichtern soll.

Mehr als 70 Gymnasien in Deutschland, Österreich, Italien, der Schweiz und vier Schulen aus Singapur, insgesamt 1.900 Oberstufenschüler, beteiligen sich im Schuljahr 2007/2008 an der Initiative. Sie werden dabei von ihren Lehrern und mehr als 400 Wirtschaftsvertretern betreut. Seit 1998 haben mehr als 8.000 Schüler an den *Business@school*-Projekten teilgenommen. Eine Umfrage unter vierhundert ehemaligen Projektteilnehmern zeigte, dass die Initiative bei vielen Jugendlichen Unternehmergeist geweckt hat: Knapp 70 Prozent der Schüler denken darüber nach, später einmal ein Unternehmen zu gründen, fünf Prozent haben schon konkrete Pläne.

Die handlungsorientierte Praxis, selbstständiges, unternehmerisches Denken und Handeln lässt sich am besten in Projekten wie *Business@school* oder in Schülerunternehmen vermitteln und üben. Das Projekt *JUNIOR* des Instituts der deutschen Wirtschaft Köln eröffnet Schülern diese Möglichkeit. *JUNIOR* steht für „Junge Unternehmer initiieren – organisieren – realisieren".

Das Projekt bietet Schülern die Möglichkeit, praxisnah wirtschaftliche Zusammenhänge und Funktionsweisen kennen zu lernen: zehn bis 15 Schüler in einer Gruppe (Zielgruppe: Schüler ab der 9. Klasse) entwickeln an ihrer Schule eine Geschäftsidee und gründen ein zeitlich befristetes Unternehmen. Dabei müssen sich die Schüler eigenverantwortlich um die Kapitalbeschaffung durch den Verkauf von Anteilsscheinen bemühen. Sie müssen Andere von der Geschäftsidee überzeugen, die Produkte herstellen und vertreiben.

Wie im realen Wirtschaftsleben müssen sich die jungen Unternehmer an bestimmte Regeln und Abläufe halten: Lohnzahlung, Bilanzierung, die Abführung von Steuern und Sozialabgaben, die Einberufung von Hauptversammlungen und die Erstellung eines Geschäftsberichtes gehören zum Unternehmensalltag. Die Schüler sind für ihre Unternehmen selbst verantwortlich: Sie wählen ihre Unternehmensführung und legen die Unternehmensstrategie fest.

Beratend stehen ihnen Paten aus Schule und Wirtschaft zur Seite. Über ihre Unternehmenstätigkeit müssen die *JUNIOR*-Unternehmen Rechenschaft ablegen. So werden die Buchführung und die (modifizierten) Zahlungen einzelner Steuerarten und Sozialabgaben kontrolliert. Die *JUNIOR*-Unternehmen sind auf ein Schuljahr begrenzt. Danach werden sie aufgelöst, das Kapital einschließlich des möglicherweise erzielten Gewinns an die Anteilseigner ausgeschüttet.

Die *JUNIOR*-Schulpaten Marion Käppler und Peter Köster verstehen sich darauf, Schülern Mut zu machen. Die beiden Gymnasiallehrer sind die Paten der Schülerfirma neoprendo des Aachener Einhard Gymnasiums. Die Firma des Schuljahres 2006/2007, neoprendo, produziert bedruckbare Isolierhüllen aus Neopren. Die Hüllen halten Getränke länger kalt oder warm. Die Betreuungslehrer feiern es als großen Erfolg, dass sich neoprendo mit seiner Geschäftsidee und einem professionellen Geschäftsbericht für den Landeswettbewerb der nordrhein-westfälischen Schülerfirmen qualifiziert hat. Damit gehört neoprendo bereits zu den zehn besten der 61 *JUNIOR*-Schülerfirmen an Rhein und Ruhr – ein Grund, stolz zu sein.

Ein eigener Internet-Auftritt ist für neoprendo eine Selbstverständlichkeit. Er ist informativ, klar, übersichtlich und macht neugierig auf die Aachener Schülerfirma. Thomas Schnermann, ein 16-Jähriger mit einem pfiffigen Lausbubengesicht und Cart-Sportler hat das Design entworfen und alles programmiert. Beim bundesweiten wwWebBewerb 07, der in der Obhut des *JUNIOR*-Ehemaligen-Netzwerkes (JENZ) liegt und die Internetpräsenz der *JUNIOR*-Unternehmen prämiert, erreicht neoprendo einen respektablen dritten Platz.

Der Geschäftsbericht ist zehn Seiten stark. Er zeigt auf der Titelseite eine Isolierhülle, die auf eine Flasche gestülpt ist, enthält eine Produktbeschreibung und stellt die Abteilungen der Firma vor. Neben der Unternehmensleitung gehören dazu Marketing, Technik, Finanzen und Verwaltung. Finanzchef von neoprendo ist Moritz Ohnesorge. Nomen est omen? Nicht ganz, noch steht in der Gewinn- und Verlustrechnung unter der Position „Erfolg nach Steuern" ein Minus-Betrag von 768 Euro. Aber das soll sich bald ändern. Sie glauben, den ersten Großauftrag bereits in der Tasche zu haben, einen Großauftrag der Softwarefirma Inform über 1.500 bis 2.000 Isolierhüllen für Ein-Liter-Wasserflaschen. Damit würde neoprendo bereits schwarze Zahlen schreiben.

Die Firma Inform unterstützt das Unternehmen durch eine ehrenamtliche Wirtschaftspatenfunktion. Mit der AachenMünchener Versicherung verhandelt neoprendo noch. Hoffnung machen sich die Schüler auch auf einen Großauftrag von Saint-Gobain.

Sieben der 15 Mitarbeiter der Schülerfirma, 16 und 17 Jahre alt, bereiten sich an einem schönen Frühlingstag in einem Konferenzraum der Softwarefirma Inform auf den Landeswettbewerb vor. Der Wettbewerb wird innerhalb des Projektjahres vom Institut der deutschen Wirtschaft Köln ausgerichtet. Es betreut im Rahmen seines Projektes *JUNIOR* in diesem Schuljahr bundesweit 348 Schülerfirmen mit fast 5.000 Teilnehmern. Die *JUNIOR*-Projektbilanz kann sich sehen lassen. Seit 1994 haben fast 35.000 Schüler in über 2.500 Schülerfirmen mitgearbeitet. Hinzu kommen mehr als 250, die von der Deutschen Kinder- und Jugendstiftung (DKJS), der Heinz-Nixdorf-Stiftung und regionalen Initiativen gefördert wurden. Das Förderprogramm der Heinz-Nixdorf-Stiftung trägt den Titel:

„Schüler unternehmen was!" Die Schülerfirmen des DKJS-Programms bestehen, anders als die *JUNIOR*-Unternehmen, über mehrere Schuljahre hinweg.

Schülerfirmen betreiben Cafeterias, Schulbäckereien, Fotoateliers, Reisebüros für Schülerfahrten, Event- und Veranstaltungsagenturen, Web-Design-Studios, Schreibwarenshops.

Das neoprendo-Team ist in die Räume des Wirtschaftspaten, der Firma Inform, ausgewichen, weil es mit allen Mitarbeitern, der Aachener Bürgermeisterin und neoprendo-Schirmherrin Hilde Scheidt sowie Pressevertretern in den zwei Firmenräumen des Gymnasiums zu eng geworden wäre. Nun haben die Osterferien und Krankheiten aber doch den einen oder anderen daran gehindert, zur Arbeit anzutreten.

An Arbeit mangelt es der neoprendo-Mannschaft wahrlich nicht. Fünfzig Stunden muss ein Schüler in der einjährigen Projektzeit für die Schülerfirma arbeiten, um ein Zertifikat zu bekommen. Die schafft Alina Nießen locker in einem Monat. Sie ist ein Energiebündel, die Powerfrau der Schülerfirma. Gemeinsam mit Anna Kirwan, die gerade von ihrem Praktikum bei der Financial Times in London zurückgekehrt ist, leitet sie neoprendo. Bei den Vorstandsvorsitzenden laufen alle Kommunikationsfäden zusammen. Manchmal entgleitet ihnen auch ein Faden, weil der E-Mail-Verkehr pannenträchtig ist.

Die Ermahnung der Schulpaten „Ihr müsst nachhaken" hat gewirkt. Die E-Mail-Verteiler haben eine Netzinfrastruktur geschaffen, das To-Do steht nicht nur auf Listen, sondern wird kontrolliert, Fristen werden überwacht.

Marion Käppler und Peter Köster schärfen den neoprendo-Mitarbeitern immer wieder ein, wie wichtig es ist, im Zeitplan zu bleiben. Sie haben ihre Erfahrungen und wissen, dass den Schülerfirmen am Ende ihres einjährigen Bestehens die Zeit davonläuft.

Neoprendo ist bereits die sechste Schülerfirma des Einhard-Gymnasiums, die sie mit großem Engagement coachen. Die letzte hieß Plan (E). Sie hat Designtaschen aus Lkw-Planen produziert und eine gute Aktien-

rendite erwirtschaftet. Die zumeist aus dem Familien- und Bekannten-
kreis geworbenen Anteilseigner haben nicht nur ihren Kapitaleinsatz von
zehn Euro pro Anteilsschein zurückbekommen, sondern noch eine Aus-
schüttung von zehn Euro pro Aktie erhalten.

Die Schulpaten beraten die Schüler der Schülerfirma ehrenamtlich, in
ihrer Freizeit, so wie auch die Schüler in ihrer Freizeit für neoprendo
arbeiten. Dies muss jedoch nicht immer so erfolgen. Das Projekt bietet
ebenso die Möglichkeit, die Inhalte mit in den täglichen Schulunterricht
oder sogar in Form einer AG einzubinden. Die Stunden für Unterricht,
Hausaufgaben und die Schülerfirma summieren sich auf weit mehr als
35-Wochenstunden. Aber geklagt wird nicht. Alina, die Chefin, hat sich
selbst damit überrascht, was für ein gewaltiges Arbeitspensum sie durch
eine gute Planung, durch ein gutes Zeitmanagement schafft.

Die von den älteren Schülern an die jüngeren weitergegebene Erfahrung,
dass man in den Schülerfirmen richtig ran muss, hat der Attraktivität der
Schülerfirmen keinen Abbruch getan. Der Andrang aus der Jahrgangsstufe
elf zu der Informationsveranstaltung, mit der jedes *JUNIOR*-Unterneh-
men am Einhard-Gymnasium startet, ist immer groß. 30 bis 35 Schüler
bewerben sich jeweils für die Mitarbeit in der Schülerfirma, sinnvolle
Aufgaben können aber nur 15 übernehmen. Einige wenige ziehen im
Laufe des Jahres dann doch nicht richtig mit. Bei neoprendo sind es
zwei, deren Einsatz zu wünschen übrig lässt. Aber Sanktionen gegen
Mitschüler zu verhängen oder sie aus der Schülerfirma hinauszuwerfen,
traut sich die Mehrheit der engagierten Firmenmitarbeiter nicht, auch
wenn es sie wurmt, dass sich die Aufgaben nun noch stärker auf wenige
konzentrieren.

Ihre Geschäftsidee haben die Schüler bei einem Wochenend-Brainstor-
ming gefunden. Von 50 Ideen insgesamt haben sie sechs in die engere
Wahl gezogen und sich dann für die Isolierhüllen entschieden. Als Fir-
menslogan wählen sie die „inNEOvation". Der Phantasieslogan ist ein
Kunstwort aus Innovation und dem Isoliermaterial „Neopren".

Bevor die Schüler ihr Projekt starten, erkunden sie auf dem Weihnachts-
basar ihrer Schule, ob es einen Markt für ihr Produkt gibt. Die Marktfor-
schung kommt zu einem positiven Ergebnis: Es gibt genug potenzielle

Kunden. Haben die Schüler zunächst nur an Privatpersonen als Abnehmer gedacht, rücken nun auch Firmen ins Blickfeld. Sie sollen mit dem Angebot gewonnen werden, ihr Firmenlogo oder eine Werbung auf die Hülle zu drucken.

Die Umsetzung der Idee, Neoprenhüllen zur Isolation von Flaschen und Dosen herzustellen, erweist sich allerdings als schwierig. Schließlich findet sich doch ein Neoprenhersteller, der bereit ist, sein Produkt an eine Schülerfirma zu liefern. Die meisten Schneidereien haben sich geweigert, Neopren zu verarbeiten. Sie befürchten, ihre Nähmaschinen würden beschädigt. Letztlich treiben die Schüler aber doch eine Schneiderei und auch eine Druckerei auf, die die Produktideen der Schüler realisieren.

Ein Werbeaufdruck lohnt sich allerdings nur bei einer größeren Bestellung. Sonst sind die Druckeinrichtungskosten zu hoch.

Einige Kunden wollen genau wissen, wie wirksam die neoprendo-Isolierhülle ist, wie lange und um wie viel Grad sie ein Getränk kühler oder wärmer hält. Dazu hat die Neopren-Technikabteilung bereits eine Testreihe durchgeführt. Das Ergebnis: Nach einer Stunde beträgt der Temperaturunterschied laut Geschäftsbericht drei Grad, der Tester selbst nennt gar vier bis fünf Grad. Aber für den Wettbewerb reicht die auf einer Schautafel dokumentierte eine Testreihe nicht. Es sollen weitere Tests für verschiedene Flaschen durchgeführt und am besten auch Fotos einer Wärmebildkamera gezeigt werden. Sie sollten längst vorliegen. Aber der Schüler, der die Aufgabe übernommen hat, hat die Fotos nicht geliefert und ist auch an diesem Vorbereitungstag nicht erschienen. Ein anderer übernimmt seinen Job, obwohl er selbst schon reichlich mit Arbeit eingedeckt ist.

Ganz ohne die Erfahrung der Schulpaten und ihre helfende Hand würde die neoprendo-Mannschaft den Hindernisparcours zum Landeswettbewerb wohl kaum fehlerfrei meistern. Der Firmenstand muss entworfen, die Bühnenpräsentation und der Einsatz am Stand geplant werden. Die Lehrer fordern einen professionellen Auftritt mit eleganter Kleidung, Namenschildern und Funktionsbeschreibung. „Zieht bloß keine Jeans an", mahnt Marion Käppler. Und Peter Köster schärft den Schülern immer wieder den Zeitplan ein.

Am Wettbewerbstag heißt es für alle, früh aufzustehen. Die Abfahrt des Busses nach Düsseldorf ist auf 6:45 Uhr festgesetzt. Morgenstund hat für neoprendo zwar nicht Gold, aber doch Silber im Mund. Sie ergattern Rang zwei beim Landeswettbewerb. „Tolle Geschäftsidee vor dem Hintergrund des Klimawandels, klasse Geschäftsbericht, super Geschäftsstand und herausragende Bühnenrepräsentation", urteilt die Jury. Gold geht wie in den letzten Jahren häufig auch 2007 an das Mädchengymnasium aus Essen-Borbeck. Sie haben „KulTouring", einen Kulturführer und ein Internetportal für die Generation 60 Plus entwickelt. Das richtige Produkt zur richtigen Zeit meint die Jury, wird doch Essen 2010 Europas Kulturhauptstadt sein. KulTouring wird später auch Bundessieger 2007.

Nicht alle Umsatz- und Gewinnerwartungen des neoprendo-Teams erfüllen sich. Der Großauftrag von Inform platzt. Die Inform-Marketingchefin meint, die Hüllen von neoprendo passten nicht zur Firma. Die Aachen-Münchener ordert 70 Hüllen mit Aufdruck, Saint Gobin nur 15. Die Hüllen sind der Firma zu teuer. Immerhin hat neoprendo am Ende seines Geschäftsjahres 336 Isolierhüllen verkauft, 1.990 Euro umgesetzt und einen Gewinn von 680 Euro erwirtschaftet.

Wichtiger als dieser Gewinn ist der Nutzen, den die Schüler aus ihrer Unternehmertätigkeit ziehen. Schülerfirmen sollen Schlüsselqualifikationen wie Teamfähigkeit, Eigenverantwortung und Selbstständigkeit fördern. Sie sollen zu unternehmerischem Denken und Handeln anregen, einen Einblick in die Funktionsweise der sozialen Marktwirtschaft geben und bei der Wahl des späteren Berufes helfen. Das leisten sie auch, wie eine Evaluationsstudie von Ute B. Schröder und Dr. Iris Nentwig-Gesemann gezeigt hat.

Die neoprendo-Schüler sagen schon drei Monate vor Ablauf des Projektes von sich, sie hätten durch die Arbeit in der Schülerfirma die Organisation und Strukturierung von Arbeitsprozessen, die Kommunikation im Team, die Selbstpräsentation gelernt und Auftrittssicherheit gewonnen. Anna Kirwan, eine der beiden Chefinnen, hat noch eine ganz persönliche Erfahrung gemacht. Eine Führungsposition reizt sie nicht. Sie will europäisches Wirtschaftsrecht studieren. Aber dann schränkt sie ein, wenn sie eine Super-Geschäftsidee fände, würde sie sich vielleicht doch selbstständig machen.

Neoprendo-Co-Chefin Alina Nießen hat ihr Unternehmen in Gedanken schon gegründet. Sie will eine tanzpädagogische Schule eröffnen. Alina Nießen und Thomas Schnermann kommen beide aus einem Elternhaus mit unternehmerischem Hintergrund. Den Technikfreak Thomas lockt eine Tätigkeit auf dem Feld der Umwelt- und Energiespartechnik.

Das neoprendo-Team kann vieles aus eigenem Erleben unterstreichen, was die Deutsche Kinder- und Jugendstiftung den Schülern als Lernerfolge verspricht, wenn sie in einer Schülerfirma mitarbeiten: Power und Selbstständigkeit, Erfahrung mit Teamarbeit, Ideen und Geschick bei der Lösung von Problemen, überzeugende Darstellung der eigenen Leistungen, Verantwortungsgefühl, Vertrauen in die eigene Leistungsfähigkeit, selbstbewusstes Auftreten und Handeln, das Gefühl für Risiko.

Nach einer Befragung des Instituts der deutschen Wirtschaft Köln sehen fast 80 Prozent der Teilnehmer an einem *JUNIOR*-Projekt ihre soziale Kompetenz und ihr wirtschaftliches Verständnis gestärkt, 54 Prozent können sich vorstellen, nach der Ausbildung oder dem Studium ein Unternehmen zu gründen und 38 Prozent planen bereits nach Ende des *JUNIOR*-Projektes eine (nebenberufliche) Selbstständigkeit. Wenn auch die Gründungswelle nicht ganz so hoch auflaufen wird, wie sie sich in dieser Umfrage ankündigt, es gibt einige Schülerunternehmer, die sofort Nägel mit Köpfen machen. Bastian Grubert ist so einer.

Der Tecsaner

Bastian Grubert –
ein junger Unternehmer mit Magengrummeln

„Ich weigere mich, meine Arbeitsstunden aufzuschreiben."

Bastian Grubert

TEC-SAS

Technical Support and Service

Webdesign, EDV-Service, Netzwerke

Inhaber: Bastian Grubert

Bleichpfad 37

47799 Krefeld

2007: Vier Beschäftigte

Tel.: 02151 64 59 930

Fax: 02151 64 59 934

E-Mail: post@tec-sas.de

Internet: www.tec-sas.de und www.pc-shop-Krefeld.de

„Bisschen jung, nicht?", pflaumt der Elektriker, der die Leitungen und tausend Meter Kabel in den neuen Geschäftsräumen von TEC-SAS verlegt, mit einem fragenden, kritischen Seitenblick Bastian Grubert an. „Na, und! " kontert Bastian. Er kennt das schon. Hat doch ein anderer Handwerker seinen Vater, der Bastian bei der Renovierung hilft und mit seiner Erfahrung als ehemaliger Bauunternehmer den Umbau managt, als „Chef" angeredet. Bastian macht sich nichts daraus. Er stellt nur trocken fest: „Nein, der Chef bin ich". So jung ist er auch gar nicht mehr, obwohl er immer noch ein wenig wie ein Abiturient aussieht. Schließlich ist er schon 25 Jahre alt und im siebten Jahr sein eigener Chef.

TEC-SAS prangt in großen, rot leuchtenden Lettern über dem neuen Ladenlokal. In weißer Schrift steht die Erklärung der Abkürzung darunter, die einige als „Texas", andere als Tec-SOS lesen. Nicht ganz unberechtigt, denn einen PC-Notfall-Service bietet Bastian Grubert auch. Aber der „Technical Support and Service" von Bastian Grubert leistet mehr. Er empfiehlt sich als Partner für alle EDV-Dienstleistungen, bei der Netzwerkplanung, der PC-Anschaffung, der Programmierung von individuellen Softwarelösungen, beim Web-Design, der Internetpräsenz von Unternehmen und Geschäften, Ärzten, Gärtnereien, Vereinen. Lang ist die Referenzliste zufriedener Kunden.

Erfunden hat Bastian Grubert weder den Namen noch die Geschäftsidee. Beides hat er aus dem Schülerunternehmen, dem *JUNIOR*-Projekt übernommen, an dem er als Oberstufenschüler mitgearbeitet hat. Einem Mitschüler und Mitunternehmer ist der Name TEC-SAS für das Schülerunternehmen des Krefelder Arndt-Gymnasiums und des Uerdinger Berufskollegs eingefallen. Grubert ist nach der zehnten Klasse vom Arndt-Gymnasium auf das Berufskolleg gewechselt, weil er in diesem technischen Gymnasium Informatik belegen und in Mathematik, Elektrotechnik und Physik sein Abitur machen kann.

Die elf 18-jährigen Schüler reparieren PCs, schulen in der Bedienung von Mobiltelefonen und Videorekordern und in der Software-Anwendung. Bastian Grubert arbeitet in der technischen Abteilung der kleinen Firma. Er ist ein leidenschaftlicher PC-Bastler, hängt immer vor dem Computer. Dabei ist er im Vergleich zu seinen Mitschülern eher ein Spätzünder. Seinen ersten Computer bekommt er erst mit 16 Jahren. Er kauft ihn sich selbst, von seinem eigenen Geld, das er in der Gaststätte seiner Eltern verdient hat. Die Web-Welt fasziniert den Schüler. Stundenlang sitzt er vor dem Computer, die Schule leidet.

Bastian liest viel in PC-Zeitschriften, tauscht sich mit Mitschülern aus und wird zum Autodidakten. Bald macht ihm so schnell niemand mehr etwas vor, wenn es um PC-Leistungen und -Probleme geht.

Die Auftragsbücher der Schülerfirma sind voll. 180 Stunden hat Bastian Grubert neben dem Unterricht für die Schülerfirma gearbeitet, als sie nach einem Jahr ihre Bücher schließt und etwa dreißig D-Mark im Monat verdient. Die 15-D-Mark-Aktien, die die Schülerunternehmer zur Finanzierung ihres Startkapitals selbst gezeichnet, an Freunde, Verwandte, Bekannte und den Krefelder Oberbürgermeister Dieter Pützhofen ausgegeben haben, erweisen sich als „Goldene Aktien". Die TEC-SAS-Aktie „notiert" im Jahre 2000, am Ende des Firmenjahres bei 70 D-Mark. Die Aktionäre sind aber mit dreißig D-Mark zufrieden. Alles andere fließt an die Mitarbeiter der Schülerfirma. Ein solches Spitzenergebnis erwirtschaften nur wenige Schülerfirmen.

Ein Unternehmen, für das die Schülerfirma arbeitet und das einen Mitschüler als Praktikanten beschäftigt, winkt mit einem Auftrag im Volu-
men von 9.000 D-Mark, besteht aber auf einer Rechnung. Die nicht ge-
werblich arbeitende Schülerfirma kann den Auftrag nicht annehmen. Das
ist Bastian Gruberts Chance. Zusammen mit einem Freund verhandelt er
mit der Firma über den Auftrag. Die Firma vermittelt Programmierer und
will dies durch eine Datenbank erleichtern. Zwar können Bastian und
sein Freund keine Erfahrung für diesen spezifischen Auftrag nachweisen,
aber sie versprechen, sie würden eine Lösung finden. Das traut ihnen der
Auftraggeber auch zu. Im Alter von 18 Jahren, am 1. August 2000 meldet
der Schüler Bastian Grubert mitten in den Abiturvorbereitungen ein Gewerbe an. Es folgen einige schlaflose Nächte. Aber Grubert und sein
Freund finden eine Lösung. Der Auftraggeber ist sehr zufrieden. Von
dem Geld, das Bastian Grubert für den Auftrag erhält, kauft er sein erstes
Auto.

Aber es ist für den Schüler zeitlich eng geworden. Bislang hat Bastian
neben der Schule und neben der Mitarbeit in der Schülerfirma mit seinem
Moped für eine Apotheke Medikamente ausgefahren. Den Apotheken-
dienst muss er aufgeben, denn jetzt repariert er neben der Schule Computer. Kunden der Schülerfirma TEC-SAS, die wie alle Juniorfirmen nach
einem Jahr ihren Geschäftsbetrieb einstellen, melden sich bei ihm. Er wird
weiterempfohlen. Die Mundpropaganda wirkt. TEC-SAS, nun nur noch
Bastian Gruberts Firma, kommt in Schwung. „Ich hab zuerst gar nicht
realisiert, dass hinter meinem kleinen Gewerbe die Entscheidung für das
Unternehmertum steckt. Da bin ich erst nach und nach hineingerutscht.
Deshalb habe ich nach dem Abitur zunächst auch Zivildienst gemacht",
erinnert sich Bastian.

Das Abitur, das er 2001 macht, fällt mittelprächtig aus. Der Notendurch-
schnitt liegt bei 3,0. Aber es ist nicht die Kleinunternehmertätigkeit, die
die Abiturdurchschnittsnote nach unten haut. Es sind Beziehungsprobleme.

Ein geborener Unternehmer ist Bastian Grubert nicht. Der Vater hat das
Baugeschäft aufgegeben. Aber die Gaststätte , die er später zusammen
mit Bastians Stiefmutter betreibt, vermittelt dem mithelfendem Jungen

und seiner Schwester doch ein Bild davon, was Selbstständigkeit bedeutet, wie schwer sich Privat- und Geschäftsleben trennen lassen. Im Biergarten der Eltern ist an lauen Sommerabenden die Hölle los.

Die langen Tage eines Selbstständigen schrecken Bastian Grubert nicht. Auch seine Tage sind lang. Neben dem Zivildienst beim Malteser-Hilfsdienst führt er seinen Nebenerwerbsbetrieb weiter. Leben kann er von seiner Firma nicht. Im Hinterkopf spielt er mit dem Gedanken, eine Ausbildung zu machen und zu studieren. Er bewirbt sich um eine Stelle als Fachinformatiker in der Anwendungsentwicklung, bekommt auch eine Zusage, aber die Firma meldet zwei Wochen vor seinem Ausbildungsbeginn Insolvenz an. Grubert hat Glück im Unglück, findet eine neue Stelle und beginnt die Ausbildung zum Programmierer. Allerdings wird er vor allem im Telefonsupport eingesetzt. Das hat sich der Azubi Grubert anders vorgestellt.

Seine eigene Firma, für die er nach Feierabend arbeitet, läuft zugleich immer besser. Bald muss er sieben bis acht Aufträge pro Woche bearbeiten. Auf acht Stunden Ausbildung am Tag folgen achten Stunden Arbeit im eigenen Geschäft. Das macht Bastian zwar immer noch Spaß, aber zehrt an seinen Kräften. Zeit für Privatleben hat er nicht mehr. Er möchte, was Abiturienten mit guten Noten können, die Ausbildungszeit von drei auf zwei Jahre verkürzen. Aber sein Chef legt sich quer, lehnt die Verkürzung ab. Noch anderthalb Jahre die Doppelbelastung zu schultern, traut sich Bastian nicht zu. Seine eigene Firma will er auch nicht zurückschrauben. Dazu macht ihm die Selbstständigkeit zu viel Spaß. Aber die Alternative bereitet ihm schlaflose Nächte. Die Entscheidung, die Ausbildung abzubrechen, lässt ihn nicht zur Ruhe kommen.

Die Industrie- und Handelskammer weist ihm schließlich den Weg aus dem Entscheidungsdilemma, macht ihn auf die Möglichkeit aufmerksam, später als Externer die Abschlussprüfung abzulegen. Das nimmt sich Bastian fest vor und bricht die Ausbildung ab. Die Berufsschule besucht er allerdings bis zum Schuljahresende weiter. „Als ich nicht mehr zur Schule musste, hat mir das Lernen richtig Spaß gemacht", lächelt Bastian in sich hinein. Das Papier des Abschlusses möchte Bastian haben. In Deutschland zählt nun einmal die formale Qualifikation, besonders, wenn ein Unternehmer wie Bastian auch Lehrlinge ausbilden will.

Nach dem Ausbildungsabbruch muss Bastian ohne Ausbildungsvergü-
tung über die Runden kommen, ganz von seinem Geschäft leben. Das
gelingt mehr schlecht als recht. Die Entscheidung, die Ausbildung ab-
gebrochen zu haben, bereut er nicht. „So geht es mir bei allen Entscheidungen, die ich bisher getroffen habe", resümiert Bastian seine Erfahrungen. Die Entscheidungsfähigkeit gehört für ihn zum Unternehmer. „Ich
behaupte, ich kann sehr schnell Entscheidungen treffen, auch sehr wichtige. Diese Entscheidungen vertrete ich dann auch", sagt Bastian von
sich.

Die Schweißperlen auf Bastians Stirn sind zwar getrocknet, aber der
Umbau- und Umzugszugstress stehen ihm noch in das fahle Gesicht
geschrieben. Sieben Tage in der Woche schuften, nebenbei das laufende
Geschäft zu betreiben, das geht fast über seine Kraft. Die 80-Stunden-
Woche hinterlässt ihre Spuren.

Zum ersten Mai 2007 ist der bleiche Jungunternehmer mit seiner Firma
und den vier Mitarbeitern in die Räume am Bleichpfad 37 gezogen, nur
wenige Schritte entfernt von den Toplagen des Krefelder Stadtzentrums.
360 Quadratmeter umfassen das Ladenlokal, die Werkstatt, die Büro- und
Besprechungsräume. Hinzu kommen noch 80 Quadratmeter Kellerräu-
me. Die neuen Geschäftsräume sind viermal so groß wie die alten.

Eigentlich hätte er das neue Quartier schon ein halbes Jahr vorher bezie-
hen können, aber die Renovierung der Räume und der Umzug sind neben
dem zu Weihnachten boomenden Geschäft nicht zu machen. Und übers
Knie brechen will Bastian nichts. Der Start an einem neuen Standort und
die Geschäftserweiterung um einen PC-Shop sollen Hand und Fuß haben.

Vor seinem Aufstieg in die neue Liga hat Bastian seine Expansion mit
einem befreundeten Unternehmensberater diskutiert und seinen Business-Plan einer Bank präsentiert. Sorgen macht er sich schon, dass er
sich übernehmen könnte. „Ein gewisses Magengrummeln gehört dazu",
sagt Bastian im Rückblick. Aber der Magen beruhigt sich. Die Sorgen
erweisen sich als unnötig, denn auch die Zahlen, die die Bank sehen will,
stimmen. Das erleichtert die Kreditgewährung.

Bislang ist der junge PC-Service-Dienstleister nicht auf Kredite angewiesen gewesen. Er hat alle Gewinne wieder in die Firma gesteckt. Nun aber reicht die Selbstfinanzierungskraft nicht mehr. Allein der Wert der PC-Hard- und Software, die Bastian in seinem Ladenlokal verkauft, summiert sich auf 50.000 Euro. So viel hat er nicht auf der hohen Kante. Hinzu kommen die Umbau- und Renovierungskosten, die durch viel Eigenleistung und einen investitionsfreudigen Vermieter auch bewältigt werden können.

Vom Finanzvolumen ist die Anmietung der neuen Geschäftsräume und die Eröffnung des PC-Shops Bastians größte unternehmerische Entscheidung, vom Risiko und dem Mut aus betrachtet aber nicht. Da ist Bastian die Entscheidung, die Ausbildung abzubrechen, schwerer gefallen. „Ich handele nicht leichtfertig, ich weiß, worauf ich mich einlasse. Ich gehe ein kalkuliertes Risiko ein. Ich sehe den Erfolg", sagt er selbstbewusst. Bastian Grubert genießt die Unabhängigkeit eines Selbstständigen, selbst entscheiden zu können, was man tut. „Ich bin ein absoluter Teamplayer, diskutiere lange mit meinen Mitarbeitern über die richtige Lösung, aber ich bin froh darüber, dass ich am Ende selbst entscheiden kann, was gemacht wird."

Der Computerfreak arbeitet zwar nach wie vor im Service, fährt zu Kunden hinaus, aber nach und nach werden die Planung, Leitung und Koordination immer wichtiger. Bastian Grubert wird auch in der täglichen Praxis zu dem, was er auf dem Papier schon ist: zum persönlich haftenden aktiven Geschäftsführer. Einen Kurs als Small-Business-Specialist hat er bereits gemacht.

Grubert ist froh, dass ihm niemand in seine geschäftlichen Entscheidungen hineinredet, aber er schätzt es, in seinem Vater einen kritischen Mentor zu haben. Auch mit einer Kundin, einer selbstständigen Modeberaterin, tauscht er sich häufig aus und ist dankbar für gute Tipps. Wichtig ist ihm das „Feedback" von Kunden und Mitarbeitern. Sind sie zufrieden, ist es Bastian auch. Kundenlob macht ihn stolz: „Man wird gleich einen Meter größer."

Sein Erfolg bringt Bastian Grubert Auszeichnungen ein. 2004 gewinnt er den Jung-Unternehmer-Preis „Heute für morgen" des Instituts der deutschen Wirtschaft.

Zu der Freude an der Selbstbestimmtheit kommt sein Wissen um die Selbstwirksamkeit. Vieles nimmt er heute lockerer als bei seinem Start vor sieben Jahren. Er geht, wie er sagt, relativ cool an neue Herausforderungen heran. Wenn ein Kunde Bastian Grubert leicht zweifelnd fragt, bekommen Sie das auch hin, antwortet er wie aus der Pistole geschossen „Klar bekomme ich das hin". Sieben Jahre Erfahrung im PC-Service machen sicher, leicht arrogant. Bastian Grubert sagt das zwar, aber nimmt die Arroganz schnell zurück, nicht nur weil sie geschäftsschädlich wäre, sondern weil sie zu dem bescheiden auftretenden jungen Unternehmer nicht passt. „Wir können nicht zaubern. Aber wir finden immer eine Lösung", sagt Bastian Grubert.

Beim Web-Design forciert er die Entwicklung nicht. Sein Ehrgeiz, auch grafisch überzeugende Web-Seiten zu entwickeln, ist groß. Aber er selbst ist kein Grafiker und der Mediengestalter, den er freiberuflich beschäftigt, hat kaum zusätzliche Kapazitäten. An sich selbst stellt er den Anspruch, ein Projekt noch schneller, besser und schöner zu bearbeiten. Fehler passieren immer wieder, meint Grubert, aber eklatanter Fehlentscheidungen ist er sich nicht bewusst. Nun, da er vier Mitarbeiter beschäftigt, kann er sie sich auch noch weniger leisten, lastet auch soziale Verantwortung auf ihm.

An Konkurrenz im PC-Support und -Service mangelt es nicht. Für eine Gründung in dieser Dienstleistungsbranche benötigt man wenig Eigenkapital. Da können über Nacht neue Wettbewerber auftauchen. Nervenflattern bekommt Bastian Grubert deshalb nicht. Er vertraut auf den Ruf und den Kundenstamm, den er sich in sieben Jahren erworben hat. Und preislich ist TEC-SAS nach seiner Meinung ohnehin unschlagbar billig. Er will weiter expandieren. Bastian sucht zwei neue technische Mitarbeiter. Gefunden hat er sie noch nicht, trotz vierzig Bewerbungen und einiger Vorstellungsgespräche. Der Jungunternehmer ist wählerisch, arbeitet selbst mit und hat viel Spaß an seiner Arbeit. Die neuen Mitarbeiter sollen in sein kleines hoch motiviertes Team passen. Auch in ihnen soll das

Feuer der Begeisterung lodern, das in Bastian und seinen Mannen brennt. „Ich kann den Neuen nun einmal nicht versprechen, um 18:00 Uhr ist Feierabend. Ich brauche sehr flexible Leute, die nicht fachchinesisch reden, sondern endkundentauglich sind", gibt Bastian zu Protokoll.

Auch nach sieben Jahren Selbstständigkeit ist Bastian Grubert noch ein Workaholic. „Ich weigere mich, die Stunden aufzuschreiben, die ich arbeite. Wenn ich die Stundenzahl sähe, die ich manchmal arbeite, würde ich hinten runterfallen", kommentiert Bastian sein Arbeitspensum. Aber der erste in der Firma ist er selten. Er kann nun einmal schwer um sieben Uhr in der Früh aufstehen, dafür aber problemlos bis nachts ein oder zwei Uhr arbeiten. In der Firma macht er mit Abstand die meisten Stunden. Er weiß es nicht genau, aber es könnte eine 60-Stunden-Woche sein. Privatleben und Arbeit sind für ihn nicht getrennt sondern eins. Das Auseinanderhalten der beiden Sphären wird künftig noch schwerer, denn Bastian bezieht eine Wohnung direkt über seinen Geschäftsräumen.

Leistung muss sich auch für Bastian Grubert lohnen. Abschalten und in Ruhe einmal in den Urlaub fahren zu können, das ist für ihn gegenwärtig das teuerste Gut. Einen anderen Wunsch hat sich Grubert gerade erfüllt. Der Techniknarr hat sich ein neues Auto gekauft, einen Firmenwagen, aber zugleich ein Spaßauto, voll gepackt mit Elektronik, mit einem starken, aber sparsamen Motor. Denn rechnen können muss ein Jungunternehmer auch noch, wenn er älter wird.

Mit einem Leitspruch geht Bastian Grubert nicht täglich zur Arbeit. Er will, dass ihm die Arbeit Spaß macht, dass er gern zur Arbeit geht. Das ist nach sieben Jahren Selbstständigkeit auch heute noch so. „Mit dreißig bist du Millionär", hat er früher aus Spaß zu sich selbst gesagt. In einigen Jahren will er fünfzehn Mitarbeiter haben. Der Tecsaner könnte es schaffen.

Die Top-Agenten

buw – Jens Bormann und Karsten Wulf

„Spaß am Erfolg ist mein Lebenscredo."

Jens Bormann

„Ich kann andere schlecht gewinnen lassen. Niederlagen wurmen mich. "

Karsten Wulf (rechts)

buw Unternehmensgruppe
Gründer und geschäftsführende Gesellschafter:
Jens Bormann (b) und Karsten Wulf (w)

Umsatz 2006: 52 Millionen

Mitarbeiter Oktober 2007: 3.000

Die buw Unternehmensgruppe wurde 1993 als Call-Center-Dienstleister von den beiden geschäftsführenden Gesellschaftern Jens Bormann und Karsten Wulf in Osnabrück gegründet. Als größter inhabergeführter Dienstleister für anspruchsvolle Kundenmanagement-Lösungen ihrer Branche realisiert die buw Unternehmensgruppe mit sechs eigenständigen Geschäftsbereichen an den Standorten Osnabrück, Münster, Halle/Saale, Schwerin und Torgelow sowie Pécs in Ungarn anspruchsvolle Customer-Care-Lösungen. Neben der Umsetzung von komplexen Kundenmanagement-Lösungen im Outsourcing greift buw sowohl beim Aufbau und der Optimierung von Inhouse-

Lösungen als auch in der Beratung in den Themenfeldern Personal, Technik und Management auf Praxis-Erfahrung aus fast 15 Jahren zurück.

Rheiner Landstr. 195

49078 Osnabrück

Tel.: 0541 94 620

Fax: 0541 94 62-222

E-Mail: buw@buw.de

Internet: www.buw.de und www.fc-real.de

Ein Lächeln huscht über das Gesicht von Jens Bormann. „Die Callboys" hat ein Magazin über den Bericht über ihn und seinen Partner Karsten Wulf geschrieben. Karsten Wulf erinnert sich: „Wir haben damals beide geschmunzelt. Die Anfragen, die wir bekamen, waren aber leider keine Kundenanfragen, sondern Bekanntschaftsanfragen". Doch dann gräbt sich eine Falte in Jens Bormanns Stirn und die flinken listigen Augen unter den buschigen Brauen schauen ernst. Ganz gelungen findet Bormann den Überschriftengag doch nicht. Die leicht anrüchige Headline transportiert für ihn leider auch das schlechte Image der Call-Center-Branche. Das hat die Branche, die in den letzten Jahren 400.000 Arbeitsplätze geschaffen hat, seiner Meinung nach nicht verdient – vor allem buw nicht, das Unternehmen, das er und Karsten Wulf 1993 gegründet haben und das mit seinen Service-Centern und Beratungsaktivitäten im Februar 2007 von Branchenkennern zum Qualitätsführer gewählt wurde. Aus den Telefonmarketing-Aktivitäten, mit denen die beiden Jungunternehmer starten, entwickeln sich schnell Call-Center. Später kommt Business Process Outsourcing hinzu. Heute versteht sich buw als Servicecenter.

Der quirlige temperamentvolle Jens lernt früh, mit Geld umzugehen und es zu verdienen. Die Eltern – der Vater ist angestellter Geschäftsführer, die Mutter Hausfrau – lassen dem Sprössling manche Freiräume, fördern selbstständige und eigenverantwortliche Entscheidungen. Vom Vater lernt er Disziplin und Härte gegen sich selbst, von der Mutter hat er die Frohnatur. Das T-Shirt mit dem Krokodil, das auch Jens Bormann zu gern hätte, kaufen ihm die Eltern nicht. Er bekommt das Geld für ein einfaches Polohemd, aber die Erlaubnis, sich das „Krokodil" selbst zu verdienen. Mit vierzehn Jahren verteilt er zweimal in der Woche den Prospekt mit den Edeka-Angeboten in einem Dorf in der Nähe von Hildesheim. „Lange hat es nicht gedauert, dann hatte ich meine Untervertreter", erinnert sich Bormann. „Ich war sozusagen der Generalunternehmer für 2.000 Angebotszettel im Dorf". Als Schüler macht er bis zu drei Jobs parallel.

Das erste Auto, das sich Bormann kauft, ist zwei Nummern zu groß. Das macht ihm der Vater klar, schärft dem Filius ein, er werde nicht einspringen, wenn dem Junior das Geld ausgeht, aber überlässt die Entscheidung dem Sohn. „Ich habe nicht nur gelernt, Entscheidungen zu treffen, sondern auch mit den Konsequenzen umzugehen. Das prägt", sagt Bormann im Rückblick.

Während die Mitschüler noch ihr Wirtschaftsabitur feiern und relaxen, nutzt Bormann die Zeit bis zu seiner Sparkassenlehre. Er macht sich mit seinem Käfer auf den Weg nach Düsseldorf, um Zahnbürsten zu gravieren und zu verkaufen. Jens Bormann weiß: „Was man macht, muss man richtig machen. Ich hatte mittags schon immer die Zahl an Zahnbürsten verkauft, die die anderen erst am Abend abgesetzt hatten. Ich habe gutes Geld verdient und hatte einfach Spaß am Erfolg. Der Erfolg hat mich motiviert. Ich habe mich verpflichtet gefühlt, immer das Beste zu geben. Das ist auch heute noch so. Spaß am Erfolg ist mein Lebenscredo".

Im Stadttheater Hildesheim übernimmt Bormann den Job des Türschließers im zweiten Rang und verkauft Programmhefte. Am Wochenende jobbt er als Bingo-Spielleiter in einem Einkaufszentrum, verlost Kofferradios und Weihnachtsgänse. Er hat die Sparkassenlehre kaum begonnen, da weiß er schon – nach fünf Tagen –, dass er seine beruflichen Möglichkeiten als Sparkassenkaufmann nicht ausschöpfen kann. Aber die Lehre schließt er ab.

Aus einem klassischen Unternehmerelternhaus kommt der 1971 geborene Karsten Wulf nicht. Der Vater ist Architekt im öffentlichen Dienst, die Mutter Bankangestellte. Aber Unternehmer gibt es in der Familie. Voll Hochachtung spricht Wulfs Vater von dem Großvater. Er betreibt ein großes Möbel- und Allzweckgeschäft, der Onkel ist Unternehmer in Bielefeld und weckt in dem kleinen Karsten das unternehmerische Interesse. Den Eltern schwebt für den Sohn anderes vor: Er soll Abitur machen, dann eine Banklehre absolvieren und später die Angestelltenlaufbahn einschlagen. Karsten fasziniert das nicht.

Erste Erfahrungen als „Dienstleister" macht Wulf im Knabenalter, mäht Rasenflächen in der Nachbarschaft und verteilt Reklamezettel. Karsten strebt nach Unabhängigkeit, will eigenes Geld verdienen und selbst darüber entscheiden, wofür er es ausgibt. Mit 16 Jahren baut er ein Computerhaus auf. Den ersten Gesellschaftervertrag müssen die Eltern unterschreiben. Karsten ist noch nicht volljährig. Deshalb und weil Karsten Wulf nebenbei noch anderen Geschäften nachgeht, läuft das Computerhaus auf den Namen seines Partners. Die „Microchip-Computertechnik J. Budde" vertreibt Computerteile und IT-Komponenten, ein Kataloggeschäft. Anderthalb Jahre betreiben Wulf und sein Partner den Handel. Dann gründet Wulf den „Hard- und Software-Vertrieb Karsten Wulf".

Mit 17 Jahren entwickelt der IT-Fan Wulf zusammen mit einem indischen Freund die Kassen-Software für den „Grünen Jäger", eine Osnabrücker Kneipe. Ein halbes Jahr brauchen die beiden Amateur-Programmierer für die Entwicklungsarbeit. Wulf gelingt es, das Softwareprogramm weiter zu vermarkten. Sein ehemaliger Fechttrainer hat einen Versand für Fechtzubehör aufgebaut und sucht ebenfalls für die Fakturierung eine kaufmännische Software. Wulf modifiziert sein Programm leicht für den Versandhandel und verkauft es dem guten Bekannten.

Geld verdient er auch mit dem Löten von Verbindungskabeln zwischen Computern und Druckern. Die Kabel sind damals noch sündhaft teuer, kosten zwischen 40 und 50 D-Mark im Geschäft. Wulf weiß, wie es preiswerter geht. Er kauft die Komponenten und lötet sie zusammen. Zwei, drei Schüler, die er anstellt und pro Kabel entlohnt, helfen ihm bei dem Kabelgeschäft. Die gelöteten Kabel verkauft Wulf an Computergeschäfte in Osnabrück und im Umland. Das wird ein Bombengeschäft mit einer Traumrendite von fünfzig Prozent. Zu einer Herausforderung wird die Computer-Reparatur, die Wulf zusammen mit seinem Freund ebenfalls anbietet. Die beiden kaufen ein Fehlerdiagnoseset. Ihr „revolutionäres Geschäftsmodell": Sie berechnen die Reparaturkosten nicht nach Teilen und Arbeitsstunden, sondern nach Festpreisen. Die Teile werden zum Selbstkostenpreis in Rechnung gestellt. Sie haben nur ein Problem: Die beiden Jungunternehmer müssen auch noch zur Schule gehen. Aber sie finden einen Weg, den Zielkonflikt zu lösen.

Kurz vor den Sommerferien schalten beide eine Anzeige und warten gespannt, wie viele Computer ihnen zur Reparatur geschickt werden. Der erste Sommerferientag kommt. Die Mutter weckt den Jungen gegen 11:00 Uhr, der am ersten Ferientag gründlich ausschlafen will.

Vor dem Haus steht ein großer Paketwagen. Er bringt 30 PCs. Die Mutter weiß nicht, wo die Computer gelagert werden sollen. In den ersten Tagen bekommen die beiden Schülerunternehmer 120 bis 150 Computer geliefert. Das bedeutet harte Arbeit, macht aber auch viel Spaß und bringt gutes Geld. Das kann Wulf-Junior immer gebrauchen. Er kauft sich einen Computer nach dem anderen, teure „Klamotten", geht abends häufiger in guten Restaurants essen und in Kneipen, die für Schüler ohne Nebeneinkommen einfach zu teuer wären.

Nicht alles gelingt Karsten Wulf. Er beginnt die Produktion und den Verkauf von Gipshäusern. Wulf und sein Freund haben die Häuschen auf einer Messe gesehen und wittern ein gutes Geschäft. Vierzehn Tage lang gießen und bemalen er, sein Freund und die gesamte Familie Gipshäuser. Sie sollen auf Trödelmärkten 30 bis 40 D-Mark pro Haus bringen. Zwischen 300 und 400 Gipshäuser produziert das Bauteam. Zwei Tage stehen die Häuslebauer auf dem Flohmarkt und verkaufen nicht ein einziges Haus. Sie verschenken die Häuser an Freunde, Bekannte und Verwandte. Wulf: „Das war ein prägendes, lehrreiches Erlebnis. Wir haben nur auf das Produkt, aber nicht auf den Markt geschaut." Er hat heute noch einhundert kleine Gipshäuser.

Auch auf dem Gymnasium ist Wulf nicht auf Erfolg abonniert. Seine unternehmerischen Aktivitäten fordern ihren Preis. Er rasselt einmal durch das Abitur, schafft es im zweiten Anlauf. Während er sich wieder auf das Abitur vorbereitet, arbeitet er bereits für eine Versicherung. Die Iduna-Nova bietet ihm Anfang der neunziger Jahre zwischen 3.500 und

4.000 D-Mark brutto im Monat und eine Ausbildung zum Versicherungs-
fachmann in eineinhalb Jahren. Später wechselt er zur Württembergischen. Die zahlt noch 1.000 D-Mark mehr. Die Fachausbildung wird als
kaufmännische Ausbildung anerkannt. Sie ist das Richtige für Wulf: Er
wird theoretisch und praktisch ausgebildet, verdient gut und sammelt
berufliche Erfahrungen. Allerdings verschweigt er seinen Arbeitgebern,
dass er sein Abitur erst noch machen muss und später, dass er bereits
studiert. „Hätte ich das gesagt, hätte ich den Job nicht bekommen", ent-
schuldigt Wulf seine Verschwiegenheit. „Man muss halt kreativ sein und
darf um Ausreden nicht verlegen sein. Dann bekommt man das schon hin."

Weil seine Noten nicht für den Numerus clausus bei der Betriebswirt-
schaftslehre (BWL) reichen, schreibt sich Wulf an der Universität Osnabrück für Volkwirtschaft ein, mit der festen Absicht, nach dem Vordiplom
zu BWL zu wechseln. Das macht auch Jens Bormann so. Die beiden
lernen sich bei einer EDV-Vorlesung an der Universität kennen, verabre-
den sich auf ein Bier bei einer Studentenparty und verstehen sich auf
Anhieb gut. Beide halten das Studium für sehr theoretisch, vermissen die
Unternehmenspraxis. Eine Party folgt der nächsten. Sie haben Spaß,
trinken viel. Bei fünf Bieren bleibt es selten, zuweilen werden es zehn,
manchmal fünfzehn. Wulf: „Die gemeinsamen Abende haben uns zu
sammengeschweißt – so sehr, dass wirklich kein Blatt Papier mehr zwischen uns passt. Wir waren uns sicher, wenn wir uns selbstständig machen, machen wir es gemeinsam, egal, was es ist. Wir haben einander
völlig vertraut. Wir hätten auch andere Geschäftsideen zum Erfolg geführt. Zufällig war es dann das Telefon-Marketing."

Wer von ihnen beiden schließlich den Schalter umgelegt und gesagt hat,
das machen wir jetzt, weiß Wulf nicht mehr. Aber an die Vorgeschichte
erinnert er sich gut. Wulf erlebt bei der Württembergischen, wie schwer
sich selbst gestandene Generalagenten tun, neue Kunden zu akquirieren,
sich an das Telefon zu setzen und einen Geschäftskontakt zu knüpfen.
Um dies zu ändern, startet die Württembergische eine Aktion zur Werbung von Kunden für eine private Rentenversicherung. Sie schaltet Anzeigen mit einer Karte, die Interessenten einsenden können, um einen
Beratungstermin zu bekommen. Die Generalagenten versäumen die
Chance, Neukunden zu werben, pflegen lieber ihr Bestandsgeschäft. Ein

Externer, ein Student aus Münster, bekommt die eingeschickten Karten und den Auftrag, alle Interessenten anzurufen und Termine für die Generalagenten zu machen. Er hat sensationellen Erfolg, kann mit fast jedem Interessenten einen Termin vereinbaren. Die Generalagenten können die Verträge abschließen.

Karsten Wulf und Jens Bormann diskutieren das Telefonmarketing-Erfolgsmodell der Württembergischen rauf und runter. Beide wissen aus ihrer Arbeit, wie schwer es für den Außendienst ist, Termine zu bekommen. Sie finden die Idee, sich mit Telefonmarketing selbstständig zu machen, hochspannend. Vertriebsaktivitäten reizen beide und Scheu, das Telefonbuch von A bis Z herunter zu telefonieren, haben sie auch nicht. Zu Beginn der neunziger Jahre ist ein solches cold calling, telefonische Auftragswerbung ohne vorherigen Kundenkontakt, rechtlich noch zulässig.

Einen Unternehmer-Test machen sie nicht, auch keine Marktanalyse. Sie sind begeistert von ihrer Idee und überzeugt davon, dass sie das Zeug zum Unternehmer haben.

Ihre Freundschaft ist ihr Asset, ihr eigentliches Startkapital gleich null. Mit ihrer zehnseitigen Präsentation sprechen sie bei drei, vier Banken vor, um einen Kredit zu bekommen. Die Banker loben ihre Idee, finden die beiden Studentenunternehmer sympathisch, aber ihren Businessplan schlecht. Sie bieten ihnen an, ein Konto zu eröffnen, allerdings nur auf Guthabenbasis. Ein Existenzgründerdarlehen gibt es nicht. Jens Bormann löst seinen Bausparvertrag auf, Karsten Wulf kauft seine Lebensversicherung zurück. 2.400 D-Mark kommen so zusammen. Damit organisieren sie ihre Büroeinrichtung, kaufen für wenig Geld einem kleinen Jungen einen Drucker ab.

Vierzehn Tage nachdem sich die beiden Drittsemester kennen gelernt haben, direkt nach der BWL-Zwei-Klausur, am 3. März 1993 starten sie ihre Telefonmarketing-Gesellschaft. Sie heißt buw-Telefonmarketing. B steht für Bormann, w für Wulf. Sie arbeiten auf 14 Quadratmetern zur Untermiete, in einer kleinen Küche mit einem angeschlossenen Raum und zwei Telefonen. Die zwei Räume können sie gut gebrauchen, denn Bormann telefoniert so temperamentvoll und so laut, dass Wulf sein eigenes Wort nicht versteht. Die ersten Telefonkontakte machen sie zwischen Kaffeemaschine und Toaster, blättern in den Telefon- und Branchentelefonbüchern und rufen tausende von potenziellen Kunden an. „Eine harte Schule", resümiert Wulf. „Aber das erklärt auch unseren guten Draht zu unseren Mitarbeitern. Wir wissen aus eigener Erfahrung, wie schwierig und anspruchsvoll die Arbeit unserer Agenten ist."

Der erste Auftrag, den die beiden ergattern, ist die Anzeigenakquise für das Programmheft zum Osnabrücker Ball des Sports. Sie fahren zu Steakhäusern und Fahrradhändlern, holen Lithos ab mit Autos, die sie sich bei Autohäusern zur Probefahrt ausgeliehen haben. So viele Anzeigen hat es nie wieder für das Ballprogramm gegeben, sagt Bormann voller Stolz. Nach drei Monaten räumt ihnen ihre Bank einen Kontokorrentrahmen von 1.000 D-Mark ein.

Sie erleben Höhen und Tiefen. Manchmal wissen sie am Monatsende nicht, wie sie die Miete bezahlen sollen. Aber sie denken nicht eine Sekunde lang daran aufzugeben. Zu Weihnachten ziehen sie Bilanz: 24.000 D-Mark haben sie in dem ersten Dreivierteljahr umgesetzt. Es bleibt eng. Sie bieten ihrem IT-Leiter ein Drittel am Unternehmenskapital an, wenn er ihnen seinen privaten PC zur Verfügung stellt. Einen zweiten PC neben dem alten Perton, der heute im Clubraum des Unternehmens steht, können sie sich nicht leisten. Aber der IT-Chef lehnt ab. Das Risiko ist ihm zu groß. „Heute bin ich froh, dass er seinen PC nicht herausgerückt hat", sagt Karsten Wulf. Auch Jens Bormann hat die mageren Jahre nicht vergessen: „In den ersten drei Jahren gab es keine Entnahmen – außer einem Scheck, um den Freundinnen ein kleines Weihnachtsgeschenk machen zu können." Richtig Geld verdienen sie erst nach fünf bis sechs Jahren.

Viele der damaligen Kommilitonen haben Geschäftsideen, aber 95 Prozent dieser Ideen werden nicht realisiert, berichtet Wulf. Die wenigsten haben die Motivation, die Traute und das Rückgrat, ihre Ideen umzusetzen und sich selbstständig zu machen. Bormann und Wulf sind aus anderem Holz. Sie sind Tatmenschen, krempeln die Ärmel hoch und machen einfach. „Als Studenten hatten wir nichts zu verlieren. Wenn unser Start in die Selbstständigkeit nicht funktioniert hätte, hätten wir uns eben auf das Studium konzentriert und wären erstmal Angestellte geworden", sagt

Wulf im Rückblick. Bormann meint: „Es gibt keine bessere Zeit, sich selbstständig zu machen als die Studentenzeit. Man hat noch kein Haus, keine Familie, keine Hypotheken, die aus dem Schornstein qualmen. Wenn etwas schief gegangen wäre, hätte jeder von uns vielleicht zehntausend D-Mark an der Backe gehabt. Aber daran haben wir nicht ernsthaft gedacht. Wir wussten, dass wir es gut machen würden."

Das Risiko der studentischen Gründung ist begrenzt. Bormann und Wulf achten darauf, dass es so bleibt, finden es im Nachhinein gut, dass sie nicht über ein Existenzgründungsdarlehen von zehntausend und mehr D-Mark verfügen konnten. Das hätte sie möglicherweise leichtsinnig gemacht. Weil sie praktisch ohne Eigenkapital, ohne Kredit angefangen haben, drehen sie jede verdiente Mark dreimal um, bevor sie sie ausgeben und behalten die Füße auf dem Boden.

Mut, Risiko- und Leistungsbereitschaft haben sie schon als Heranwachsende gezeigt. Das sind für sie erprobte Tugenden. Die Diskussion darüber, welche persönlichen Unternehmereigenschaften einem in die Wiege gelegt, welche anerzogen wurden und welche man sich selbst erarbeitet hat, hält Bormann für theoretisch. Für den unternehmerischen Erfolg seien Erfolgserlebnisse und ein gesundes, gewachsenes Selbstbewusstsein wichtig, meint er. „Man muss wissen, dass man schafft, was man sich vornimmt. Das ist mein Code. Ich versuche, aus jeder Situation das Beste zu machen. Eine Schlappe ist eine Herausforderung. Ein Kunde, den ich im ersten Versuch nicht gewinne, verdient einen zweiten Anlauf. Ich stehe wieder auf, auch wenn ich einmal zu Boden gehe." Zum Marketing-Magazin „Absatzwirtschaft" sagt Bormann: „Ich glaube, dass ich ein hohes Kreativpotenzial und einen unbedingten Siegeswillen habe … Ich bin ein Typ, der auch bei Eis und Schnee in kurzer Hose auf dem Platz steht."

Abhärtung und Konditionsstärke zahlen sich auf den hart umkämpften Märkten aus. Bormann, in der Geschäftsleitung für Vertrieb, Marketing, die Außen- und Innendarstellung zuständig, ist der PR-Profi. Auf die Selbstdarstellung versteht sich jedoch auch Karsten Wulf. Der Wille zum Erfolg und zum Sieg zeichnet beide aus.

Wulf, für IT, Finanzen, Controlling und Personal zuständig, sieht in der Sozialkompetenz und im Beziehungsmanagement, im Umgang mit Mitarbeitern und Geschäftspartnern einen Erfolgsbaustein. Er meint, 80 Prozent dieser Erfolgseigenschaften lägen in seinen Genen. Ihn treibe ein starker Veränderungs- und Gestaltungswille, die Unzufriedenheit mit dem Erreichten. „Ich weiß, es geht noch besser, es geht schneller, es geht noch mehr. Und ich will gewinnen, beim Marathonlauf, beim Squash-Spiel, im Geschäft. Ich kann andere schlecht gewinnen lassen. Niederlagen wurmen mich. Ich habe den Anspruch, als Sieger vom Platz zu gehen. Gelingt mir das nicht, fühle ich mich nicht wohl." Karsten Wulf rennt gern und bringt nach einem Marathonlauf in Düsseldorf 2003 und einem Fehlversuch in Dresden im Jahre 2004 beim Münster-Marathon 2005 eine beachtliche Leistung. Er läuft den Marathon gemeinsam mit Mitarbeitern und Kunden und kommt zum ersten Mal mit einer Zeit unter vier Stunden (3:56:07) ins Ziel.

Vom Marathonlaufen lässt sich nach Wulfs Meinung viel für die Führungspraxis im Unternehmen lernen, die exakte Vorbereitung, die präzise Trainingsplanung, die richtige Selbsteinschätzung, die Selbstmotivation, das Erleben von Höhen und Tiefen, den Durchhaltewillen und die Ausdauer. „Auch unsere Unternehmensgründung und Unternehmensentwicklung ist eine Marathonveranstaltung."

Wichtig sei es, nichts auszusitzen, sondern zu entscheiden. „Das ist meine Maxime. Es ist besser zu entscheiden, als die Dinge schleifen zu lassen, selbst auf die Gefahr hin, falsch zu entscheiden."

Die Workaholic-Zeit der Gründerjahre mit regelmäßig über 70 Wochenarbeitsstunden, mit Abend- und Wochenendarbeit, dem bedingungslosen Zurückstellen des Privatlebens ist für Wulf vorbei. Er bemüht sich um eine vernünftige Balance zwischen Arbeits- und Privatleben. Die Familie, die Frau und die zwei Kinder, die Freunde, die Lebensqualität sollen nicht zu kurz kommen. Dienstag und Donnerstag früh läuft er morgens um sieben zehn Kilometer, holt Brötchen und frühstückt gemeinsam mit der Familie. Er nimmt sich auch Zeit, um sich für die politischen, wirtschaftlichen und gesellschaftlichen Interessen mittelständischer Unternehmen zu engagieren, arbeitet aktiv im Bundesverband junger Unternehmer (BJU) mit. Der BJU wählt Wulf Ende 2006 zum stellvertretenden Bundesvorsitzenden.

Den Aufbau der Unternehmensgruppe finanzieren Bormann und Wulf bis heute aus dem operativen Cashflow. Das Aufbautempo ist rasant. 1995 kaufen sie eine Telefonanlage für 20 Agenten, um für ein Osnabrücker Versandhaus Bestellanrufe für Schallplatten, CDs, Kassetten und Videos entgegennehmen zu können. Ein Jahr später gründen sie das Unternehmen buw consulting GmbH. Nach vier Jahren werden sie als beste studentische Existenzgründung ausgezeichnet, nach fünf Jahren beschäftigen sie 500 Mitarbeiter. Niederlassungen in Münster und München werden eröffnet, 1999 werden sie im Europe's 500 Wettbewerb zum zweitschnellst wachsenden Unternehmen gekürt, kurz darauf erhalten sie den Preis für die beste Outsourcing-Qualität auf europäischer Ebene, den International Best Service Award. 2001 umfasst die Unternehmensgruppe sechs eigenständige Geschäftsbereiche und zählt 1.700 Mitarbeiter. 2002 wird buw von Ernst&Young, der Frankfurter Allgemeinen Zeitung und dem Managermagazin in der Frankfurter alten Oper zum "Entrepreneur des Jahres 2002" im Bereich Dienstleistungen gekürt. Beendet ist damit die Preisserie nicht. 2007 erhält buw den „Best Practice Award Dienstleistung". Im Oktober 2007 gewinnt buw den Audi Generation Award in der Kategorie „Wirtschaft". Mit diesem Preis werden die beiden Gründer als erfolgreichste Jungunternehmer ausgezeichnet.

Bei den Preisverleihungen wimmelt es wie in der Customer-Care-Branche von Anglizismen. Die Call-Center-Fachsprache ist Englisch. Call-Center-Mitarbeiter heißen Agents. Spätestens die Mystery-Activities, simulierte Kundenkontakte, mit denen die Qualität der Arbeit der Agents kontrolliert und verbessert wird, wecken tatsächlich Agenten-Assoziationen.

Die Top-Agenten Bormann und Wulf verstehen sich auf Inszenierungen. Als ein Auftrag von Mitsubishi winkt, ist Showtime angesagt. buw ist noch ein kleines Unternehmen mit wenigen Mitarbeitern, vielleicht zu klein für einen Großauftrag. Aber auf diesen Gedanken sollen die Mitsubishi-Manager, die durch ein Call-Center Probefahrttermine für ihren

„Galant" vereinbaren lassen wollen, gar nicht erst kommen. Ein Modeunternehmen, das in demselben Bürogebäude wie buw arbeitet, nur in deutlich mehr und größeren Räumen, wird für die Zeit der Verhandlungen mit dem japanischen Unternehmen Teil von buw. Mit Zustimmung des Büronachbarn werden die Namensschilder ausgetauscht. buw verfügt für einige Stunden über eine eindrucksvolle Zentrale, der Auftrag ist schnell unter Dach und Fach.

Aber es gibt auch Rückschläge, selbst verschuldete und unverschuldete. Wulf und Bormann beschließen, eine Niederlassung in Wien zu gründen, um den österreichischen Markt zu erschließen – eine Fehlentscheidung, wie sich später zeigt. Sie schätzen den Markt falsch ein, halten ihn und das Wachstum für größer als es tatsächlich ist und unterschätzen die Wettbewerbsintensität. Auch bei der Besetzung der Geschäftsführer haben sie keine glückliche Hand, eine Geschäftsführerin lösen sie ab, der neue Geschäftsführer veruntreut Geld. Es stellt sich heraus, dass er in seiner Jugendzeit fünf Banken überfallen hat, zwölf Jahre im Gefängnis saß und in eine Nervenheilanstalt eingewiesen war und dann bei der Post gearbeitet hat.

Aber der Postjob ist, anders als Wulf annimmt, keine Unbedenklichkeitsbescheinigung, der Lebenslauf und das polizeiliche Führungszeugnis sind gefälscht. Sie entlassen den Geschäftsführer und schließen die Niederlassung Wien. Drei Monate später nimmt sich der frühere Geschäftsführer zu allem Überfluss aufgrund privater Probleme das Leben. Wulf lernt aus dem Fehler bei der Einstellung: Aufgrund der Fehleinstellung mit der tragischen Entwicklung wird der gesamte Rekrutierungsprozess optimiert. Das polizeiliche Führungszeugnis wird nunmehr direkt und im Original zu buw geschickt, und bei Zweifeln am Lebenslauf wird der vorherige Arbeitgeber nach Einwilligung des Bewerbers telefonisch auf das Zeugnis angesprochen. „Man darf jederzeit einen Fehler machen, denn wo gehobelt wird, da fallen auch Späne – wichtig ist nur, aus den eigenen Fehlern zu lernen", so Wulf. 2005 wagen sie einen neuen Versuch, sich an einem Auslandsstandort zu behaupten, diesmal im ungarischen Pécs.

Unverschuldet sind die Schwierigkeiten, in die das Unternehmen gerät, als die Deutsche Telekom 2004 ihre Call-Center-Aufträge zurückzieht und ihre Customer-Care-Aktivitäten der Telekom-Auffanggesellschaft Vivento überträgt. Einen anderen Auftrag geben die Partner zurück. Der Kunde hat Finanzierungsprobleme. Eine Million Euro Umsatz, dreißig Prozent der monatlichen Erlöse fehlen plötzlich. Mitarbeiter sind geschockt, viele fürchten Entlassungen. Wulf und Bormann lassen Zeitverträge von Mitarbeitern auslaufen, aber kündigen niemandem betriebsbedingt. Das Halten der 80 bis 90 topqualifizierten Mitarbeiter, für die eigentlich keine Aufträge vorhanden sind, erweist sich als mutig und, wie sich später zeigt, als weitsichtig.

Bormann fährt besorgt zu einem anderen wichtigen buw-Kunden, zu Debitel, will erfahren, ob auch dieser Auftrag gekündigt werden könnte. Er kehrt mit der beruhigenden Auskunft zurück, diese Gefahr bestehe nicht. Im Gegenteil, Debitel ist voll des Lobes über buw, schreibt dem Customer-Care-Dienstleister zu, Debitel zum Service-Provider Nr.1 in Deutschland gemacht zu haben. Das gibt Debitel buw auch schriftlich. Bormann und Wulf rufen weitere Kunden an. Daraus entsteht die Testimonial- und Nr. 1-Kampagne. Mit dieser Kampagne profiliert sich buw als Qualitätsführer und verspricht seinen Kunden, sie mit seinen Dienstleistungen auch zur Spitze zu führen. Die auf Kunden und Mitarbeiter zielende Aktion, die die Einzigartigkeit von buw herausstreicht, richtet die Mannschaft auf.

Die rote 1 im roten Kreis leuchtet vom Dach des BMW-Minis, den Jens Bormann fährt, prangt auf Mousepads, Baseballkappen, Boxershirts und Tangas, die man im buw-Shop kaufen kann. Merchandising mit Augenzwinkern: Shorts, Tangas, Minis mit günstigen Leasingraten werden „für den privaten Erfolg" angepriesen. Ein Marketingschnellschuss geht allerdings daneben. Die Kondome mit dem Nr.1-Emblem werden schnell wieder aus dem Verkehr gezogen. Aber die roten Schweißbänder mit dem Nummer-1-Aufdruck gibt es weiter, vielleicht weil sie zur corporate identity von buw und zum Outfit der sportbegeisterten Chefs zählen.

Die Nr.1-Kampagne hat Erfolg, nach einem halben Jahr sind neue Kunden gewonnen, ist die Bindung zu alten Kunden gefestigt, sind das Selbstverständnis und Selbstvertrauen als „Quality-Company" gestärkt. Nach fünf Monaten kommt auch die Telekom als Kunde zurück. Sie schätzt das Preis-Leistungs-Verhältnis von buw. Die Krise ist nicht nur ausgestanden. Sie erweist sich als ein Gewinn für das Unternehmen. 2005 wächst der Umsatz um 45, 2006 um 25 Prozent. Für 2007 sind 30 Prozent geplant. Heute zählt buw zu den Top Ten unter den deutschen Call-Center-Betreibern und ist das größte inhabergeführte Call-Center- und Beratungsunternehmen dieser Branche mit rund 3.000 Voll- und Teilzeit-Mitarbeitern in Osnabrück, Münster, Halle/Saale, Schwerin, Torgelow und im ungarisches Pécs.

Bormann und Wulf beginnen 2005 nach den Gründen zu forschen, weshalb buw nicht nur nach eigenem Verständnis sondern auch aus der Sicht vieler Kunden besser als andere Service-Center-Betreiber und Consulting-Unternehmen ist. Sie identifizieren: Leidenschaft, Teamgeist, Fair-Play, Siegeswillen für den Spaß am gemeinsamen Erfolg. Das leben Bormann und Wulf ihren Mitarbeitern vor. Sie sind optimistische Gute-Laune-Chefs.

„Was mich wirklich treibt, ist, das Unternehmen bestmöglich aufzustellen, um es an die nächste Generation übergeben zu können – Interesse und Befähigung meiner beiden Söhne vorausgesetzt." Jens Bormann

Jens Bormann ist ein Fußball-Narr. Als Jugendlicher ist er zwar mehr auf Tennisplätzen als auf Fußballplätzen zu finden, aber das runde Leder fasziniert ihn. Er will dem buw-Siegeswillen, der Leistungs- und Erfolgskultur des Unternehmens einen sichtbaren Ausdruck verleihen. 2006 gründet das Unternehmen einen Fußballclub. Bei der Wahl des Namens, des Logos und der Trikots orientieren sich die Vereinsgründer an der Königsklasse. Von Real Madrid stammen der Name und die Krone , die schwarz-weißen Streifen auf den Trikots werden von Juventus Turin entliehen, die rote Eins aus der Nummer 1-Kampagne steht für den Meisterschaftsanspruch, der Kreis soll den Zusammenhalt des buw-Teams symbolisieren.

Das ist nicht nur PR-Symbolik, sondern auch Unternehmenspraxis.

Mitarbeiter treffen sich an den buw-Standorten zum Training, messen sich in Standortturnieren und beim Gruppenturnier um den FC-Real-Cup. Bormann und Wulf sind nicht nur die Präsidenten des Vereins, sondern zuweilen selbst auf dem Platz, helfen in der Abwehr oder verstärken den Sturm. Im Unternehmen sind sie die Spielmacher und Trainer zugleich, planen die Strategie, entwickeln die Spielzüge und motivieren die Mitarbeiter. Stolz ist Bormann darauf, im Spiel um den FC-Real-Cup als mäßig begabter Fußballer das erste Tor für die Osnabrücker Mannschaft geschossen zu haben.

Wer die kleine Lobby der Holdingzentrale in der Rheiner Landstraße 195 betritt, denkt, er sei in der Zentrale eines Fußballvereins. Ein Fußball-Kickboard lädt zum Spielen ein, in Vitrinen sind Fan-Artikel des FC Real ausgestellt. An der Wand sieht man Fußballszenen und die Aufforderung: „Auf geht's: Kämpfen und Siegen!" Der Wahlspruch des FC Real „Optimus omnium esto" springt dem Besucher ins Auge. Jens Bormann übersetzt ihn frei mit: „Werde zur Nummer 1". Kunstrasen und ein Maskottchen ergänzen das Stadion-Ambiente.

Bormann ist überzeugt, dass Mittelmaß nicht reicht. „Ich trete an, um zu gewinnen. Wir müssen immer ein Tor mehr schießen. Deshalb ist „Werde zur Nummer 1" unser Wahlspruch."

Der Erfolg des Vereins ist messbar. Zwar unterliegt der um Altnationalspieler verstärkte FC Real im Stadtderby – 6.000 Fußballfans schauen zu – dem Vfl-Osnabrück im Juni 2006 im Elfmeterschießen, aber buw bekommt für die Gründung des FC Real den europäischen Call-Center-Preis für die beste Unternehmenskultur. Zu dieser Kultur gehören außer dem FC Real ein schon legendärer Weihnachtsball für Mitarbeiter und Kunden und der „Cadwalk". Der „Cadwalk" ist kein Laufsteg für buw-Top-Models sondern das unternehmensinterne Qualifizierungs- und Entlohnungssystem. Das C steht für certified, das A für Agent, das D für Development. Weiterbildung und Prüfungszertifikate führen zu einer deutlich besseren Bezahlung.

An der buw customer-care academy werden berufsbegleitend die customer-care-manager ausgebildet. Zwölf Monate dauert das Customer-care-manager-Studium, keine Chancen für Langzeitstudenten. An der buw-Academy wäre Bormann längst exmatrikuliert, an der Universität Osnabrück studiert er im 31. Semester BWL. Karsten Wulf hat zwar seine Diplomarbeit geschrieben, aber wie Jens Bormann die Diplomklausuren nicht hinter sich gebracht. Wulf war es leid, Bummelzuschläge zu zahlen, er hat sich von der Uni abgemeldet.

Bei dem Aufbau ihres Unternehmens haben beide, die sich bis heute ein Büro teilen, nie daran gedacht aufzugeben. Sie sind davon überzeugt, dass jeder von Ihnen auch allein als Unternehmer Erfolg gehabt hätte, aber es zu zweit, mit ihren sich ergänzenden Fähigkeiten und dem Wettstreit um neue Ideen und um die bessere Lösung, leichter war. Zwar sind auch die beiden Gründerfamilien miteinander befreundet, aber sie unternehmen eher selten etwas gemeinsam. „So vermeiden wir", sagt Bormann, „dass wir bei der vielen Zeit, die wir beruflich miteinander verbringen, uns irgendwann auf den Wecker fallen."

Es gibt wenig, was ich anders machen würde, konstatiert Wulf im Rückblick auf die fast 15-jährige buw-Geschichte. Bormann und Wulf blicken nach vorn, haben eine Mehrjahres-Planung aufgestellt und schauen nach neuen Geschäftsfeldern. Chancen sehen sie im wachsenden Geschäftsfeld Business Process Outsourcing (BPO), der Übernahme von Kerngeschäftsprozessen im Outsourcing, beispielsweise der Schadenbearbeitung für Versicherungsunternehmen, der Kreditprüfung für eine Bank oder vorgerichtlichen Inkasso-Aktivitäten. Bis 2010 soll der Umsatz von 54 Millionen Euro im Jahre 2006 auf 100 Millionen steigen.

Über die Wolken, wo die Freiheit grenzenlos ist, will Karsten Wulf auch privat. Er will den Pilotenschein machen und einmal mit einer MIG über Russland fliegen. Aber geschäftlich ist für ihn die Zeit des Vollgas-Risikos und „Augen-zu-und-durch" vorbei.

Triple H

Karoline Beck –
Unternehmerin mit harter Isolierschale

„Kompromisse langweilen mich zu Tode."

Karoline Beck

Isolier-Wendt

1874 gründet Hermann Wendt in Berlin einen Großhandelsbetrieb für Kunststoffteile. Nach dem zweiten Weltkrieg wächst der Betrieb schnell zu einem bedeutenden mittelständischen Unternehmen für Wärme-, Kälte-, Schall- und Brandschutzisolierung. Ende der neunziger

Jahre wird das Unternehmen in den KMH-Konzern eingebunden. Zum Jahrtausendwechsel übernimmt durch ein Management-buy-out wieder die fünfte Wendt-Familiengeneration die Führung. IWG Isolier-Wendt ist ein führendes Unternehmen auf dem Sektor der technischen Isolierung und der Hochtemperaturisolierung. Es stellt darüber hinaus individuelle und serielle Schallschutzlösungen her. Bei einem Umsatz von 5,2 Millionen Euro beschäftigt das Unternehmen 2006 rund 50 Mitarbeiter.

IWG Isolier Wendt GmbH
Nunsdorfer Ring 2-10
12277 Berlin
Tel: 030 788050
E-Mail: Kundenservice@isolier-Wendt.de
Internet: www.Isolier-Wendt.de

Nicole Clicquot Ponsardin ist 27 Jahre alt, als 1805 plötzlich ihr Mann stirbt. Noch ist es in der Geschäftswelt Europas unüblich, dass Frauen in der Wirtschaft Führungspositionen übernehmen. Aber von solchen Konventionen lässt sich die junge Witwe und allein erziehende Mutter nicht beeindrucken. Sie übernimmt gegen den ausdrücklichen Willen ihres Vaters, zum Entsetzen der französischen Gesellschaft und aller Geschäftspartner die Leitung des Champagnerhauses Veuve Clicquot und baut zur Zeit der napoleonischen Kriege den Export nach Russland aus. Bis heute ist Russland einer der loyalsten Märkte der französischen Champagnermarke geblieben.

Das hat Karoline Beck noch nicht erreicht. Sie erzeugt aber auch keinen prickelnden Rebensaft. Ihr Geschäft ist profan. Alles, was Lärm macht, bringt das von ihr geführte mittelständische Isolierunternehmen unter die Haube, alles, was heiß ist, ummantelt IWG Isolier-Wendt.

Karoline Beck pflegt das Image der toughen Unternehmerin, so als wolle sie selbst verkörpern, was ihre Firma tut: Schutz bieten vor der aus ihr strömenden heißen Energie, vor der Hochtemperatur ihres Temperaments durch eine dreifach gehärtete Schale. Es scheint, als stelle sie die Spruchweisheit auf den Kopf, nach der unter einer harten Schale ein weicher Kern steckt. Wie es in ihrem Inneren wirklich aussieht, verbirgt die aparte Frau. Vielleicht ist es gerade das Rätselhafte, das den Reiz dieser couragierten, überaus selbstbewussten Unternehmerin ausmacht. Ihr offenes freundliches und zugleich nachdenkliches Lächeln passt nicht zu der schnörkellosen Schroffheit, mit der sie auf überflüssige, aber eigentlich gut gemeinte Ratschläge reagiert. Auf Konventionen gibt sie nichts. Höflichkeitsformen in der E-Mail-Korrespondenz lässt sie weg. Sie kommt direkt zur Sache. Sie öffnet sich im Gespräch, aber klappt eine Sekunde später wie eine Muschel, die die Gefahr spürt, die Schalenhälften zusammen.

An diesem Morgen im Juni hat sie um einen möglichst frühen Gesprächstermin gebeten, nicht ahnend, dass ihr Gesprächspartner jeden Morgen um fünf Uhr aufsteht. Der Vorschlag, sich um 7:30 Uhr zu treffen, erwischt Karoline Beck auf dem falschen Fuß. Aber einen Rückzieher macht sie nicht. Das Treffen findet nun nicht in der Firma sondern in ihrem Privathaus statt, in einer zu einer hellen Wohnlandschaft umgebauten Fabrikhalle. An der Decke hängen schwarze Laufkatzen für den Lastentransport, Zahnkränze rahmen sie ein. Hohe lange Fenster ziehen sich vom Dachfirst bis zum Boden. Ein originelles Ambiente mit Kunstwerken, geschaffen wie für eine Titelgeschichte in „Schöner Wohnen" und gut für Architektur- und Innenarchitektur-Preise. Mit ihrer Fabrikatelierwohnung zeigt sie eine künstlerische Kreativität, die ihr eine ganz andere Karrieremöglichkeit, fern des Isoliergeschäftes, eröffnen würde. Aber die kritisch spöttelnden Bemerkungen von Freunden an ihrem angestammten Geschäftsfeld kann sie nicht nachvollziehen. Sie reizt es, zu gestalten, kreativ zu sein, sei es in der Isoliertechnik oder in der Innenarchitektur.

Gerade ist sie aus Moskau von der Power Gen, einer Fachmesse für Energieerzeugung, nach Berlin zurückgekehrt. Der russische Markt ist für sie ein Zukunftsmarkt mit großem Potenzial. Sie möchte den noch überschaubaren Anteil Russlands am Wendt-Umsatz stark steigern. Die industrielle Hochtemperaturisolierung, auf die sich das Unternehmen zunehmend spezialisiert, macht bereits die Hälfte vom Umsatz von über fünf Millionen aus und verspricht gute Margen.

Veuve Clicquot hat es am Moskauer Wendt-Messe-Stand nicht gegeben. Die Ingenieurprofessoren und Konstrukteure, die den Stand besuchen, sind viel zu bescheiden, um Champagner zu verlangen. Grund, ihn auszuschenken, hätte Karoline Beck gleichwohl. Das Champagnerhaus hat sie zur Unternehmerin des Jahres 2007 gekürt. Die Presseerklärung lobt sie als eine Unternehmerin wie aus dem Lehrbuch der Betriebwirtschaftlehre: zielstrebig, kämpferisch, einfallsreich, mutig und rational.

Im Gegensatz zu vielen Marketing-Auszeichnungen, die nur der Eigen-PR dienen, gefällt Karoline Beck der Veuve-Clicquot-Preis. Der Champagner schmeckt ihr, die außergewöhnliche Geschichte der Madame Clicquot-Ponsardin beeindruckt und überzeugt sie. Parallelen zur mutigen Nicole Clicquot drängen sich auf. Auch Karoline Beck ist allein erziehend und 27 Jahre alt, als sie in die kränkelnde Wendtfirma drängt, gegen Zweifel und Widerstände aus den Reihen ihrer Familie.

Einer hätte allerdings, lebte er noch, ihr Engagement befürwortet, ihr Großvater Hans-Heinz Wendt. Unter ihm floriert das 1874 von ihrem Ururgroßvater gegründete Unternehmen. In den achtziger Jahren des vergangenen Jahrhunderts beschäftigt die Herman-Wendt GmbH 800 Mitarbeiter und macht 150 Millionen D-Mark Umsatz.

Der Großvater ist Widder wie Karoline Beck. Sie ist zudem noch Feuerpferd. Das ist, wie Karoline Wendt weiß, die nach chinesischem wie nach westlichem Horoskop energiereichste und aggressivste Konstellation. Nach Astrologen-Meinung kommt sie nur ganz selten vor und wirkt wie ein doppelter Espresso. Karoline Beck weiß nicht, ob dies stimmt oder völliger Humbug ist, findet aber die Übereinstimmung mit dem Großvater verblüffend. „In meinem ganzen Tierkreiszeichen ist kein einziger Weichspüler enthalten."

Der Großvater stirbt, als die kleine Karoline sechs Jahre alt ist. Karoline ist nach den Erzählungen der Familie unter den vier Enkeln sein Liebling und seine Favoritin für die Unternehmensnachfolge.

Die Ahnung und Weitsicht des Großvaters hat für Karoline Beck aber nicht geklärt, ob sie die Unternehmereigenschaften mehr vom Großvater oder ihrer Großmutter väterlicherseits hat. Diese Großmutter ist, wie viele in der Familie musikbegeistert, und mit einer extremen Persönlichkeit gesegnet. Als die Großmutter im Krieg Witwe wird, macht sie ihren Meister in der Kunststickerei und bringt damit ihre kleinen Kinder durch. Auch sie ist Unternehmerin, wenn auch ohne im Scheinwerferlicht zu stehen. Wenn sie an der Spitze eines eingeführten Betriebes gestanden hätte, wäre sie sicherlich eine große Unternehmerin geworden, meint Karoline Beck.

Wie Karoline Beck begeistert sich die Großmutter für die klassische Musik. Geduld ist beider Tugend nicht. An Beethoven verzweifelt die Großmutter fast. Sie kann einfach nicht verstehen, warum Beethoven bei seinen Schlussakkorden kein Ende findet. Über Mozart gibt es für sie zu viele Märchen. Deshalb schreibt die Großmutter für die Enkeltochter eine sechzigseitige kritische Mozartbiographie. So will sie das falsche Mozart-Bild korrigieren. „Von ihr habe ich sehr viel", sagt Karoline Beck im Rückblick.

Das Verhältnis zwischen der dominanten Großmutter und der nicht minder selbstbewussten Enkelin ist nicht das beste. Die bestimmende Art der Großmutter macht Karoline krank. Sie sind sich einfach zu ähnlich. Vielleicht ist es die Großmutter, die eine an eine Phobie grenzende Überempfindlichkeit gegen Autoritätsansprüche bei ihr ausgelöst hat. Für die Erziehung ihrer eigenen Kinder hat Karoline Beck daraus die Lehre gezogen, ihren Kindern wenig vorzuschreiben. Sie sei ohnehin schon eine dominante starke Mutter. Deshalb lässt sie ihnen Freiräume, so wie sie diese selbst bei ihren Eltern gehabt hat.

Beide Eltern sind Künstler, der Vater Maler und Bildhauer, die Mutter Schauspielerin. Karoline Beck hat beides, die unternehmerische und die künstlerische Ader.

Karoline Beck wächst in Berlin, wohlbehütet und im Wohlstand auf. Sie muss als Kind und Jugendliche kein Geld verdienen, um sich Wünsche erfüllen zu können. Aber von Führungsrollen träumt sie schon mit zehn Jahren als Grundschülerin. Sie möchte der weibliche Kopf einer Motorradgang, die Chefin lauter harter Kerle sein. Das bleibt aber ein Traum. In der Klasse mit 41 Schülern leidet sie darunter, nicht das Alphatier zu sein. Andere sind stärker, werden eher anerkannt als sie. Erzogen im herkömmlichen Sinn wird sie nicht. Sie weiß von allein, was sie zu tun und zu lassen hat.

In der Villa der Eltern sitzt die Firma mit am Tisch, ist allgegenwärtig. Die Großmutter, die Tante lassen spüren, wie sehr sie die Verantwortung für das Erbe, für die Familienfirma belastet. Eine Schließung oder ein Verkauf der Firma ist ausgeschlossen.

Karoline Beck ist lieber selbst dominant als sich von anderen dominieren zu lassen. „Es geht mir nicht um Macht", sagt sie, „Ich will niemanden unterwerfen, ich will mich entfalten können, ich will gestalten können, ohne behindert zu werden. Ich suche mir eine Enklave, wo mir die anderen im Mondschein begegnen können. Mich interessiert der Kompromiss nicht. Er langweilt mich zu Tode."

Nach der Meinung der Familie soll ihr Bruder Unternehmer werden. Sie hätte dagegen ein Orchideenfach studieren können. Aber der Bruder stirbt. Karoline Beck spürt, ihr wächst eine neue Verantwortung zu, die Aufgabe, den völlig deprimierten Eltern Halt zu geben. In der Oberstufe des Gymnasiums packt sie der Ehrgeiz, legt sie sich mit zwei anderen Schülerinnen mächtig ins Zeug und erreicht Bestnoten, liebäugelt mit Politik oder Volkswirtschaft als späteren Studienfächern, wählt aber, weil Mathematik nicht zu ihren Stärken zählt, Jura. Auf der Universität Passau schnuppert sie in die Betriebswirtschaft hinein, sieht, dass die Mathematikanforderungen durchaus zu schaffen sind, und beschließt, ihr Diplom in Betriebswirtschaft zu machen. Anwältin oder Richtern will sie ohnehin nicht werden.

Erste unternehmerische Erfahrungen sammelt Karoline Beck bereits während des Studiums. Mit ihrem Kommilitonen und Vater ihrer Kinder sowie einem weiteren Kommilitonen gründet sie die PCL-Leasing GmbH. Verleast werden Konsumgüter, von Rolexuhren bis Bentleys. Fünf Jahre läuft das Leasinggeschäft. Es wirft so viel ab, dass das Studentenpaar mit seinen beiden Kindern davon leben kann. Das Autoleasing wird ein Schwerpunkt. Aber das endet mit einem Flop. Ein Kunde ordert eine Flotte von Fiat-Unos, sägt ihnen die Dächer ab, weil er einen

Cabrio-Verleih eröffnen will und geht pleite. Karoline Beck und ihre Kommilitonen haben Mühe, die Autos weiter zu verkaufen. Auch anderes läuft schief. Die Firma geht pleite und auch ihre Partnerschaft geht in die Brüche.

Karoline Beck macht ihren Abschluss als Diplomkaufmann. Sie hätte ihn auch als Diplomkauffrau machen können, aber das hätte sie als „abartig" empfunden, als einen geringerwertigen Abschluss. Später schreibt sie selbstverständlich an Frau Bundeskanzler Angela Merkel, nicht an die Frau Bundeskanzlerin.

Die Familienfirma läuft nach dem Tod des Großvaters immer schlechter. Die externen Manager führen sie an den Rand der Pleite. Mitglieder des Firmenbeirates melden sich bei Karoline Beck und bitten Sie, in der Firma nach dem Rechten zu schauen. Sie empfindet die Anrufe als Hilfeschreie, fühlt sich ermutigt, einzugreifen. Eines Morgens sitzt sie um acht Uhr in der Früh in der Firma, in einem kleinen leer stehenden ehemaligen Postzimmer unter der Dachbodentreppe, als ein ungebetener, der Geschäftsführung nicht willkommener Gast. Aber aufzubegehren gegen die Tochter der Mitinhaber trauen sich die Manager nicht. Das alte Poststubchen ist alles andere als repräsentativ, hat aber den Vorteil auf der Etage zu liegen, auf der auch die Manager ihre Büros haben. Das Angebot der Geschäftsführung, in ein chices Büro in einem anderen Stock zu ziehen, lehnt sie ab. Die Tür des Postzimmers lässt sie stets offen. So hört Karoline Beck mit einem Ohr immer mit, was in der Firma alles schief läuft.

Auch mit der Familie ist die Selbstentsendung in die Firma nicht abgesprochen. Sie verstößt gegen den Grundsatz, kein Familienmitglied darf in die Firma gehen. Haben die Anteilseigner, Karolines Eltern und ihre Tante schon einander nicht vertraut, misstrauen sie erst Recht dem frisch gebackenen Diplomkaufmann aus Passau. Doch darüber setzt sie sich hinweg. Die Firma steht vor der Insolvenz. Die Banken schalten Berater ein, aber der alten Geschäftsführung gelingt es nicht, die Umsätze zu steigern. Gegen den Willen der Familie holt Beck einen Investor in die Firma. Die Banken drängen darauf, dass es kein reiner Finanzinvestor ist, weil sie bei der Hermann-Wendt-GmbH auch einen Mangel an Management-Kapazitäten sehen. Den Investor findet Beck durch Zufall, durch

Empfehlungen aus dem Freundeskreis. Die Kapital Management Holding (KMH) Industrie Service Holding GmbH, Hamburg, ist auch im Baunebengewerbe tätig, übernimmt 51 Prozent der Anteile. Das frische Geld rettet die Firma. Umstrukturierungs- und Sanierungswellen folgen.

Karoline Beck übernimmt zunächst als angestellte Projektleiterin des KMH-Konzernverbundes, später als Geschäftsführerin mehrer Abwicklungsgesellschaften das trouble-shooting, die „Drecksarbeit". Zeit, sich mit dem Markt zu beschäftigen, ist nicht. Das Kosten- und Finanzierungsmanagement steht im Vordergrund. Zusammen mit dem KMH-Geschäftsführer schafft sie schließlich den Turnaround. Anders als in Ludwigshafen, wo die eine der beiden Isolier-Muttergesellschaften sitzt, floriert das Geschäft in Berlin nicht, der Markt ist fast tot. Der KMH-Konzern erwägt den Rückzug aus Berlin. Karoline Beck, seit drei Jahren Geschäftsführerin der Isolier Wendt GmbH und anderer Firmen im KMH-Konzernverbund, kann sich nicht mehr erinnern, ob sie selbst die Initiative zur Übernahme der früheren Familienfirma ergriffen oder die KMH-Geschäftsführer-Kollegen ihr dies angetragen haben. Sie ist zwar längst entschlossen, aber zögert mit der Übernahme. Viele gute Freunde und Bekannte reden auf sie ein, nicht selbstlos, sondern in der Hoffnung, beteiligt zu werden. Ihre Familie überzeugt Karoline Beck, auch die noch von ihr gehaltenen 49 Prozent der Firmenanteile an KMH abzugeben.

Eineinhalb Jahre lässt sie sich Karoline Beck Zeit mit der Entscheidung. Dann setzt sie alles auf eine Karte. Das Hinhalten zahlt sich aus, der Übernahme-Preis sinkt. Das Familienunternehmen entsteht neu, in sechster Generation geführt von der alleinigen Inhaberin Karoline Beck. Die Mutter, die die beiden Enkelkinder aufzieht, freut sich über die Fortführung der Familienfirma durch ihre Tochter, sieht aber auch, wie hart diese dafür arbeiten muss.

Ein Zuckerschlecken ist die Geschäftsführung der Isolier-Wendt GmbH für Karoline Beck nicht. Der Zeitpunkt ihres Einstiegs am 1. Dezember 1999 ist denkbar ungünstig, die Preise sind in den Baunebengewerben im Keller, die Marktanteile geschrumpft, die Zahl der Firmeninsolvenzen steigt über 40.000. Viele Aufträge platzen, weil die Kunden pleite sind. Eine Entlassungswelle gibt es dennoch nicht, wohl aber Veränderungen, die durch die Umstrukturierung bedingt sind. Das Geschäft bleibt schwierig, auf schlechte Jahre und Quartale, folgen gute, der Umsatz klettert über fünf Millionen, aber Karoline Beck muss immer wieder mit den Banken über Kreditlinien verhandeln. Allerdings ist die Wendt-GmbH im Rating nach oben gesprungen. Mitte 2007 „steppt der Bär". Die Firma kann sich vor Aufträgen nicht retten. Der Fachkräftemangel erweist sich als Flaschenhals.

Zu ihren Mitarbeitern bleibt Karoline Wendt auf Distanz. An den freitäglichen Currywurstabenden nimmt sie nicht teil, zu Geburtstagfeiern geht sie selten. „Verbrüderungsszenen machen für Mitarbeiter wie für den Chef die Zusammenarbeit unnötig schwer. In Konfliktsituationen weiß dann keiner mehr, wie er mit dem anderen umgehen soll." Sie will ihre Autorität nicht durch zu viel Nähe untergraben und ärgert sich manchmal über sich selbst, wenn sie in der Firma Privates erzählt.

Auf Distanz ist sie auch zu sich selbst. Sie sieht einen Fehler darin, dass sie sehr schnell, sehr spontan, impulsiv, zuweilen auch aus Zorn reagiert. Entscheidungen, die sie so treffe, seien nicht immer richtig. Mit einer solchen impulsiven Reaktion hat sie sich ihre Abiturnote „versaut". Mittlerweile verbietet sie sich auf Merkzettelchen impulsiv-emotionale Entscheidungen. Sie kleben am Spiegel oder anderen Stellen mit Blickkontakt. Erst wenn sie ihre Mahnungen an sich selbst verinnerlicht hat, werden die Zettel entfernt. Für wichtige Entscheidungen hat sie sich eine Karenzzeit auferlegt. Über Entscheidungen, die sie in der ersten Aufwallung treffen würde, schläft sie mindestens eine Nacht. „Entscheidungen mit Tragweite muss ich mir erst einmal selbst genehmigen."

Professionelle Unternehmensberater lässt sie nach ihren Erfahrungen bei der KMH-Holding nicht mehr in die Firma. „Mir stellen sich die Nackenhaare auf, wenn Jungspunte mit einem Laptop ausgestattet, einer Miles&More-Karte und Designerklamotten Inhaber mittelständischer Firmen beraten, die ihr eigenes Geschäft in- und auswendig kennen." Sie brauche Steuerberater und Anwälte vor allem, so lange sie noch Gestaltungsmöglichkeiten habe, mehr nicht.

Noch glaubt sie nicht daran, dass es eine siebte Generation an der Spitze der Wendt-GmbH geben wird. Ihre Tochter und ihren Sohn will sie nicht in eine bestimmte Bahn lenken, nur anregen. Sie will ihren Kindern raten, etwas grundsätzlich anderes zu machen. Ihr eigenes ganzes Leben, ihr soziales Umfeld, alles sei mit der Firma verbunden. Wenn es nicht gut laufe, sei es wie ein Leben unter einem drohenden Schwert. Wenn es ihren Kindern gelänge, die mit der unternehmerischen Firmenführung verbundenen Lebensrisiken zu diversifizieren, dann sollten sie es halt machen.

Aber Karoline Beck hat ursprünglich auch nicht die Absicht gehabt, Chefin der IWG-Isolier-Wendt GmbH zu werden. Vielleicht lag dies daran, dass für sie als Schülerin die Firma mit der Assoziation einer Truppe entsetzlicher Berliner Männer verbunden war, die ab 14:00 Uhr sturzbesoffen waren und sie sich auch den Streit mit einer Familie ersparen wollte, die sie als missgünstig und irrational empfand. „Ich hatte keinen Ehrgeiz, gegen diese Kombination anzugehen."

Karoline Beck sprengt gern Rollenklischees. Aber sie konzediert, dass sich viele Frauen schwer tun, sich schnell zu entscheiden und konsequent zu bleiben. Entscheidungsunfähigkeit sei brandgefährlich. Sie hat sich auch abgewöhnt, Entscheidungen in einem konsensualen Verfahren mit den Mitarbeitern herbeizuführen. „Heute gibt es nur noch die klare Ansage. Aber ich muss mir häufig vornehmen, mehr an mich selbst zu denken und meine Entscheidungen härter durchzudrücken."

Was treibt Karoline Beck? „Ich spüre ständig den Zwang, aus Rohmaterial etwas Vernünftiges zu machen", antwortet sie. „Wenn die Aufgabe erledigt ist, interessiert sie mich nicht mehr. Erfolge muss ich nicht feiern. Ich wende mich lieber der nächsten Aufgabe zu. Der Weg ist das Ziel." Am schönsten sei für sie die Zeit als Vorsitzende des Bundesverbandes der jungen Unternehmer (BJU) gewesen. In dieser Zeit habe sie noch stärker gestalten können, ohne zugleich Existenzsorgen haben zu müssen. „Das hat mir einen Riesenspaß gemacht."

Die Kraft, die sie zeigt, steckt in ihr. „Ich merke selbst, welche Überzeugungskraft ich habe, wenn ich etwas will." Das hat schon viele schwierige Verhandlungen für sie zu einem guten Ende geführt.

Sie möchte jungen Menschen vermitteln, dass sie selbst ihr Schicksal in der Hand haben. „Wenn die das begreifen, läuft ein phänomenaler Prozess ab." Unterschiede zwischen den Geschlechtern sieht sie durchaus: Männer marschieren konsequent und unbeirrbar auf ihr Ziel los, Frauen lassen sich leider immer noch ein wenig ablenken. Manchmal gewinnt man den Eindruck, sie gäbe viel dafür, den Geschlechterunterschied korrigieren zu können. Sie freut sich über ihre Erfolge: „Erfolg ist super. Aber eine Droge ist das für mich nicht."

Vom Eismann zum Tiefkühlkostkönig

Volkmar Frenzel – eine Unternehmerkarriere in zwei Wirtschaftssystemen

„Geld gibt es genug. Es gibt nur zu wenig Konzepte, die sich rechnen."
Volkmar Frenzel

Frenzel*** Tiefkühlkost, als Traditionsunternehmen mit 26-jähriger Firmengeschichte wurde in Choren/Sachsen als Ein-Mann-Firma gegründet. Durch den Kauf von Produktionsstätten in Thüringen, Brandenburg und Niederösterreich entwickelte sich das Unternehmen mit einem überdurchschnittlichen Wachstum vom regionalen zum internationalen Produzenten. So exportierte Frenzel*** seine Produkte 2006 in 24 Länder. Als drittgrößter Anbieter von Tiefkühlgemüse in Deutschland und größter Tiefkühlproduzent in Österreich erwirtschaften die vier modernen Produktionswerke heute einen Umsatz von ca. 165 Millionen Euro mit 640 Beschäftigten und 15 Auszubildenden.

Frenzel*** Tiefkühlkost e.K.

Kirschallee 53 OT Choren

04720 Mochau

Tel: 03432 55010

E-Mail: kontakt@frenzel-tk.de

Internet: www.frenzel-tk.de

Volkmar Frenzel schnippt die Asche von der Zigarette und lacht breit, als er an seine Skatpartie mit Gerhard Schröder auf dem Flug nach Japan erinnert wird. Das Foto, das auf der Frenzel-Homepage zu sehen ist, zeigt ihn, ein Glas Rotwein in der Hand, etwas müde in sein Blatt schauend. Die besten Karten hat er gerade nicht gehabt. Schlecht hat er zwar nicht abgeschnitten, aber gegen den Skatroutinier im Kanzleramt hat der Sachse aus dem 80 Kilometer östlich von Leipzig gelegenen Dorf Choren schon allein deshalb wenig Chancen, weil er gewohnt ist, mit Altenburger Karten zu spielen. In der Kanzlermaschine gibt es aber nur französische Karten. Nein, sagt Volkmar Frenzel, wenn ihm 1981 jemand gesagt hätte, sie begleiten im Dezember 2004 den deutschen Bundeskanzler als ostdeutscher Vorzeigeunternehmer auf seiner Japan-Reise und im Frühjahr 2005 auf einer Reise in die arabischen Emirate, dann hätte er nur ungläubig geschaut.

Lachen muss Frenzel vor allem deshalb, weil der Kanzler, die 30-köpfige Wirtschaftsdelegation und er in Erich Honeckers alter Maschine reisen. „Die DDR-Führung hat damals von dem Milliardenkredit für 400 Millionen Mark die besten und schönsten Flugzeuge gekauft. Die haben doch Wasser gepredigt und Wein gesoffen", sagt Frenzel leicht bitter. Die Flugbereitschaft der Bundeswehr hat die A 310 im Zuge der Vereinigung zusammen mit zwei anderen Airbussen von der DDR-Interflug übernommen. Schröder fragt ihn auf der Reise, was geschehen müsste, damit mehr Bürger die SPD wählen. „Arbeit schaffen", antwortet Frenzel kurz und bündig.

Der ostdeutsche Unternehmer weiß, wovon er redet, spricht aus eigener Erfahrung.

1981 ist Volkmar Frenzel noch kein Vorzeigeunternehmer, ein Wort, das der bescheidene Mann, der immer auf seine Mannschaft verweist, ohnehin nicht mag.

Frenzels Großmutter betreibt während des Dritten Reiches eine Bäckerei und eine Gastwirtschaft. Seine Mutter und sein Vater, ein gelernter Bäcker, bringen im Nachkriegsdeutschland den kleinen Familienbetrieb in Choren wieder hoch, fahren zu den Markttagen nach Leipzig, übernehmen bei Turn- und Sportfesten die Verpflegung. Für den Vater hat die Plackerei Folgen. Er bekommt einen Herzinfarkt, muss künftig kürzer treten. Frenzels Eltern nehmen den „Konsum" mit ins Geschäft. Im Sommer werden sie an die Ostsee delegiert, führen dort eine durch Inventurdifferenzen aufgefallene Kaufhalle. Der kleine Volkmar begleitet die Eltern, geht an der Ostsee zur Schule und verdient sich im Sommer ein gutes Taschengeld. Zusammen mit einigen Freunden steht er am Bahnhof und fährt mit einem Wägelchen das Gepäck der anreisenden Touristen in die Urlaubsquartiere. Für den Kofferservice gibt es eine oder zwei Ostmark, einmal sogar fünf Mark. Die Freundesclique teilt sich das Geld.

Dem Zehnjährigen macht sein kleiner Job Spaß. Das Unternehmerische habe er von seinen Eltern, sagt Frenzel. Für die Parteiideologen sind die wenigen unternehmerisch Selbständigen in der DDR die Klassenfeinde, aber in der Bevölkerung werden sie eher bewundert und manchmal beneidet. Frenzels fleißige Eltern haben den ersten Fernseher im Dorf, fahren den ersten Wartburg. Gefördert werden Arbeiterkinder, aber nicht Unternehmerkinder.

Auf Wunsch des Vaters lernt Frenzel Fleischer. „Dann gehst Du aufs Schiff, wirst Chefkoch, bist frei und fährst in die Welt hinaus", rät der Vater dem Sohn. Frenzels Vater hätte sich gern selbst diesen Traum erfüllt. Aber der Traumberuf des Sohnes ist es nicht.

Frenzel arbeitet als Berufskraftfahrer und Verkehrsmeister. Zusammen mit Freunden macht er nach Feierabend aus Schrott wieder fahrfähige Autos. Gemeinsam betreiben sie eine Schlosserei, Klempnerei und eine Lackiererei, die Tauschwirtschaft ermöglicht kleine Wirtschaftswunder im Verborgenen. Die wieder aufgebauten, wie neu aussehenden Autos transportieren die Freunde immer am Montagabend. Dann müssen die Polizisten im DDR-Fernsehen Karl-Eduard von Schnitzlers schwarzen Kanal sehen. Im Dorf möchten die meisten lieber Westfernsehen schauen. Frenzel und einige Freunde bilden eine Antennengemeinschaft, sammeln 25.000 Ostmark, schachten Kabelgräben und Fundamente aus und errichten einen Mast mit einer Empfangsanlage. Aus dem „Tal der Ahnungslosen", wie die Gebiete ohne Empfangsmöglichkeiten für Westfernsehen genannt werden, wird ein Tal der Wissenden.

Autos sind in der DDR-Planwirtschaft Mangelware, die Lieferzeiten für einen Trabbi oder Wartburg betragen bis zu vierzehn Jahren. Deshalb werden die aufgemöbelten Fahrzeuge den Freizeitbastlern für gutes Geld aus den Händen gerissen. Frenzel will sich unbedingt selbständig machen, bewundert den selbstständigen Maurermeister und den Kfz-Mechanikermeister mit seiner Werkstatt. Er will Organisieren und Gestalten können, frei sein und nicht gegängelt werden. Am liebsten würde er sich in der Kfz-Branche selbstständig machen, bekommt dafür aber keine Gewerbeerlaubnis. Aber dann hat der Vater für ihn eine gute Nachricht. Der Konsum Leipzig sucht einen Fahrer, der die angeschlossenen Geschäfte mit Speiseeis beliefert. Dafür gibt es eine Gewerbeerlaubnis.

Frenzel ist 28 Jahre alt, als er 1981 die Lizenz zum Speiseeisvertrieb im Kreis Döbeln erhält. Aber der DDR-Kleinunternehmer hat weder einen LKW noch eine Kühlzelle. Er kauft einen Barkas 1000, einen Kleinbus in der Größe eines VW-Busses. Nun hat er ein Fahrzeug aber noch kein Eis, das er liefern kann. Eis ist knapp in der DDR. Frenzel klappert die Eishersteller ab, tauscht Ersatzteile, kleine Kühlzellen oder Radeberger Bier gegen Speiseeis, vor allem gegen das beliebte sahnige „Moskauer Eis". Kleinen Kommissionshändlern verkauft er Stieleis, erhält dafür Zement und baut mit einem Kredit über 30.000 Ostmark im Dorf Choren ein kleines Kühlhaus. Das Kühlaggregat hat ein privater Bastler aus

Schrottteilen hergestellt. Frenzel nutzt die Pannen in der DDR-Planwirtschaft, steht bereit, wenn der staatliche Kühlbetrieb das Eis bei den Herstellern nicht abholen kann.

Sein Eisvertrieb wächst, aber die Beschaffung von Kühlfahrzeugen wird zu einem aberwitzigen Hindernislauf über die Hürden der DDR-Planbürokratie. Wenn Frenzel aufbegehrt, wird er zu Reserveübungen der nationalen Volksarmee einberufen. Sein Einwand, wenn er eingezogen würde, gäbe es vier Wochen im Juni und Juli in den Kreisen Grimma und Döbeln kein Eis, stößt auf taube Ohren. „Gefreiter, dafür werden andere bezahlt. Machen Sie sich keinen Kopf", wird ihm entgegen gehalten.

Dem DDR-Kleinunternehmer Frenzel steht gesetzlich eine Handelsspanne von 7,6 Prozent zu. Da sich aber der Konsum und das Backwarenkombinat, das auch einen großen Teil des Eises produziert, die Spanne teilen, muss Frenzel für drei Prozent arbeiten. Dagegen protestiert er und setzt die ihm zustehende Spanne durch. Davon bleibt aber wenig, denn Frenzel muss wie alle DDR-Unternehmer auf seinen Gewinn 89 Prozent Steuern zahlen. „Als DDR-Unternehmer musste man die Freiheit mehr lieben als das Geld", lautet einer seiner geflügelten Sätze. Der Freundeskreis wird kleiner, Unternehmer werden hinausgeekelt, andere Weggefährten setzen sich aus eigenem Antrieb in den Westen ab.

Frei zu sein und seinen „Kumpels" Arbeit zu geben, das treibt Frenzel. Schließlich beschäftigt er 1989 6,5 Mitarbeiter und macht mit Eiskrem, tiefgefrorenen Hefeklößen und Blätterteig einen Umsatz von 6,6 Millionen Ostmark.

Als im November 1989 die Mauer fällt, erkennt Frenzel seine Chance. Jahrzehnte haben die Ostdeutschen die Werbung für westdeutsche Produkte im Westfernsehen verfolgt, kaufen konnten sie sie nicht. Nun bietet sich auf einmal die Möglichkeit dazu, die aufgestaute Nachfrage ist riesengroß. Das gilt auch für den Appetit auf westdeutsches Eis. Frenzel schreibt die westdeutschen Eiskrem-Hersteller an und fragt, ob sie Eis gegen Mark der DDR liefern. Nur ein Hersteller ist dazu bereit, Schöller-Eiskrem aus Nürnberg. Frenzel und zwei seiner Mitarbeiter fahren im Februar 1990 mit drei Lkw nach Nürnberg. Geraucht werden darf im

Führerhaus nicht, denn dort sind Benzinkanister gestapelt. Kurz vor Nürnberg werden noch einmal die Fahrzeuge geputzt. Schöller überrascht Frenzel mit einem Begrüßungsgeschenk: Er bekommt kostenlos einen halben Lkw Werbematerial zur Verfügung gestellt. Mit drei Lkw voll beladen mit Eiskrem will Frenzel über die Grenze in die DDR. Aber die Zöllner im Vogtland wollen ihn nicht passieren lassen. Erst als er einige Kartons mit Eiskrem spendiert, hebt sich der Schlagbaum. Noch am späten Abend räumen Frenzel und seine Mitarbeiter das Eis aus den drei Lastern in das Kühlhaus. Mitten in der Nacht, um ein Uhr steht Frenzel wieder auf. Die Frage, zu welchem Preis das Eis in den Läden verkauft werden soll, geht ihm nicht aus dem Kopf. Gekauft hat er es zu einem Kurs von einer D-Mark zu drei Mark der DDR. Er kalkuliert die Ladenverkaufspreise und gibt seinen Fahrern die Listen mit, ermahnt sie, das Eis so zu verteilen, dass alle Läden etwas bekommen. Um 6:30 Uhr rollen die LKW vom Hof, kurz nach 10:30 Uhr steht der erste schon wieder vor dem Kühlhaus. Die Händler haben blitzschnell den LKW leer gekauft. Die Nachricht, Frenzel kann Westeis liefern, verbreitet sich wie ein Lauffeuer. Am nächsten Morgen kommen die Kommissionshändler von überall her – von Dresden und Wittenberg –, um Schöller-Eis zu kaufen. In Choren geht nichts mehr, im Ort stauen sich die Transporter.

Um der Nachfrage Herr zu werden, beliefert Schöller Frenzel kurz darauf mit eigenen Fahrzeugen. Bei einem der ersten Treffen hat Frenzel seine Partner bei Schöller gefragt, ob sie ihn auch ausreichend mit Ware versorgen können. Machen Sie sich keine Sorgen, hatten ihm die Nürnberger versichert, Schöller sei der zweitgrößte Eiscremehersteller Europas. „Im Juni hatten die kein Eis mehr", erinnert sich Frenzel.

Frenzel tritt der Tiefkühlkost-Allianz Tifa bei, einer eingetragenen Genossenschaft mit 54 mittelständischen Händlern in ganz Deutschland. Die Tifa steht für die Zahlungssicherheit ihrer Mitglieder und macht Frenzel in Europa bekannt. Früher ist Frenzel von Fabrik zu Fabrik gefahren, um Ware zu bekommen, jetzt rennen ihm die Vertreter von Bonduelle und anderen Herstellern die Tür ein. Frenzels kleines Kühlhaus platzt aus allen Nähten. Er kauft Schiffskühlcontainer voll mit tiefgefrorenen Pommes Frites. An den Pommes Frites ist er nicht interessiert, sondern nur an den zusätzlichen Kühlkapazitäten. Die braucht er dringend, um immer größere Mengen von Eis lagern und ein größeres Geflügelgeschäft machen zu können. Die Container kommen auf eine neugebaute Rampe, werden überdacht. Doch die Kühlmaschinen machen einen Höllenlärm. In Choren dröhnt es wie auf einem Containerschiff. Das ist den Dorfbewohnern nicht zuzumuten. Frenzel beschließt 1991, einige hundert Meter außerhalb des Dorfes auf der grünen Wiese ein Kühlhaus zu bauen. Das Geld dazu hat er. Er hat in der Nachwendezeit glänzend verdient und die Banken geben gern Kredit. „Geld gibt es genug auf der Welt", meint Frenzel, „es gibt nur zu wenig Konzepte, die sich rechnen."

Im Dezember 1992 übernimmt Frenzel den Kühlbetrieb Leipzig. „Die hatten für jeden Bürger eine Weihnachtsgans eingelagert. Die hätten die vielen Gänse nie verkaufen können." Frenzel stellt sich mit seinem Kühl-Lkw vor einen Kaufland-Markt. Er verkauft nicht nur seine Gänse, sondern wird auch Lieferant des großen Lebensmittelmarktes.

Frenzel macht gute Geschäfte, aber ostdeutsche Hersteller haben nichts davon. Eines Tages suchen sie ihn auf, erinnern ihn daran, wie sehr sie ihm zu DDR-Zeiten geholfen haben und beklagen sich darüber, dass er fast nur Westprodukte vertreibt. „Eigentlich hatten sie Recht. Ich kam mir ein wenig blöd vor", sagt Frenzel im Rückblick.

Auf der Suche nach einem geeigneten Praktikumsplatz kommen fünf Umschülerinnen ins Unternehmen Frenzel, darunter auch Petra Kießling. Sie ist in der Modebranche tätig gewesen und erhält von Frenzel den Auftrag, ein Markenzeichen für ostdeutsche Produkte zu entwickeln. Daraus entsteht: „Fürstlich essen wie August der Starke". Der kunstsinnige sächsische Kurfürst und polnische König aus dem 17. Jahrhundert, bekannt für rauschende Feste und opulentes Essen, wird Frenzels Werbestar, verkauft sächsische Produkte wie Eierschecke, Quarkkeulchen, Hefeklößchen, Kartoffelpuffer und Kohlrouladen. Frenzel verspricht Petra Kießling im Erfolgsfall einen roten Ferrari. Sie bekommt einen Flitzer, auch die Farbe stimmt, nur ist aus dem Ferrari ein rotes Fahrrad geworden.

Frenzel kauft für 300.000 D-Mark eine Faltschachtelmaschine. Die will ausgelastet sein. Das ist die Chance der ostdeutschen Produzenten. 1993 präsentiert sich Frenzel mit einem Ministand erstmals auf der Ernährungsmesse Anuga. Marktkauf listet daraufhin seine Produkte, Globus, Kaufland, Wertkauf und Edeka folgen.

Der Vertrieb von Ostprodukten, nach und nach unter eigenem Markennamen, kommt zur rechten Zeit, denn die großen Handelsketten haben ihre eigene Logistik im Osten Deutschlands aufgebaut und brauchen den Großhändler Frenzel nicht mehr. Für Frenzel zahlt sich die Umorientierung aus. Er trifft den einheimischen Geschmack, wächst in den ostdeutschen Bundesländern. Heute liefert er seine Produkte, vor allem tiefgefrorenes Gemüse, zu 80 Prozent nach Westdeutschland und exportiert in 24 Länder, darunter nach Russland, England, Belgien, Holland, Nigeria und die Emirate. Möglich wird die starke Expansion durch den Kauf von zwei maroden ostdeutschen Tiefkühlkost-Unternehmen, der Kyffhäuser Tiefkühl GmbH und der Oderland Tiefkühl GmbH in den Jahren 1997 und 1998. Beide Tiefkühlkostunternehmen haben mit ihren großen Kapazitäten am Markt vorbei produziert.

Frenzel triumphiert im Bietgefecht um die Oderland Tiefkühl-GmbH. Ein Geschäft mit der französischen Firma Doux über den Vertrieb von 20.000 Tonnen Geflügel hilft ihm, die Grundkosten zu bestreiten. Er bekommt für fünf Millionen D-Mark den Zuschlag und beginnt in dem früheren fruchtbaren Sumpfland mit der Gemüse-Produktion. Friedrich der Große hat diesen Landstrich trocken legen lassen und zum Gemüsegarten Preußens gemacht.

Frenzel wird nun ganz zum Tiefkühlkostproduzenten, verarbeitet, veredelt und frostet tausende Tonnen von Obst und Gemüse der Lieferanten aus dem Oderbruch. Damit legt er die Grundlage für seinen Aufstieg zum drittgrößten Tiefkühlkostproduzenten Deutschlands. 2005 beschäftigt der bescheiden gebliebene Sachse 320 Mitarbeiter, vertreibt mehr als 190 Tiefkühlkostprodukte, darunter immer mehr Fertigmenüs. Die Oskar-Patzelt-Stiftung ehrt ihn mit dem Sonderpreis Premier, dem Großen Preis des Mittelstandes 2005. Erfolg ist immer eine Baustelle, sagt Frenzel in seiner Dankesrede. Im selben Jahr kürt ihn auch der ostdeutsche Sparkassen- und Giroverband zum Unternehmer des Jahres.

Als wollte er die vielen Ehrungen noch durch eine große Investition bestätigen, bietet Frenzel im Spätherbst 2005 für die in Konkurs gegangene Austria-Frost. Das ehemalige Iglo-Werk in Groß-Enzersdorf nordöstlich von Wien liefert 80 Prozent des in Österreich angebotenen Tiefkühlgemüses. Kurz vor Weihnachten bangen die rund 300 Austria-Mitarbeiter um ihre Arbeitsplätze. Seit Oktober ist Frenzel schon mit den Austria-Eigentümern im Gespräch. Eine Übernahme der Austria-Frost könnte Frenzel aus seinen Kapazitätsengpässen befreien. Die Produktionsbetriebe in Thüringen und Brandenburg arbeiten im Vier-Schicht-Betrieb, sind zu einhundert Prozent ausgelastet, Pläne für eine Kapazitätserweiterung liegen in der Schublade. Im Oderbruch wird zudem immer mehr Raps und Weizen angebaut, er verdrängt das Gemüse. Zudem sind 2006 im Oderland durch die Hitze 50 Prozent der Ernte ausgefallen. Frenzel braucht neue Lieferanten. Die Globalisierung erzwingt zugleich größere Betriebseinheiten. „Entweder wir wachsen, oder wir gehen kaputt. Der Handel kauft europaweit ein", fasst Frenzel seine Erfahrungen zusammen. Er hätte die ungarische Globuskette übernehmen können. Die 50 Millionen Euro Schulden, die er hätte mit übernehmen müssen, haben ihn abgeschreckt.

Um die Austria-Frost kommt es zu einem Verhandlungsmarathon. Auch die belgische Pinguin-Gruppe und die slowenische Gemüsehändler-Gruppe GEA bewerben sich. Die Verhandlungen stehen vor dem Scheitern. Mit Hilfe des Landes Niederösterreich kommt es zu einer Einigung in letzter Minute. Für 7,6 Millionen Euro geht die Austria Frost an Frenzel. Der sächsische Tiefkühlkostkönig gibt den Österreichern eine zehnjährige Standortgarantie, steht nun an der Spitze einer Gruppe mit 600 Mitarbeitern und 165 Millionen Umsatz. Nach 61 Arbeitstagen zieht die Frenzel-Gruppe ein positives Resümee ihres Engagements in Österreich: die Umsätze sind überproportional gestiegen, die Zahl der Mitarbeiter konnte sogar auf 340 erhöht werden. Allein acht Millionen Euro investiert Frenzel in neue Produktlinien für Blattspinat, Erbsen, Karotten und Babykarotten in Österreich. Sie steigern die Produktivität um das Vierfache.

Aber nicht alles ist eitel Sonnenschein. Die Integration der Austria Frost in die Frenzel-Gruppe dauert länger als gedacht. Es gibt Probleme zu lösen, die Kommunikation zwischen den Abteilungen könnte besser sein. Eine Unterschlagung des Betriebsratsvorsitzenden aus der Betriebskasse belastet das Klima, Doppelgeschäfte zu Lasten der Frenzel *** Austria Frost werden bekannt. „Aber das Verhältnis zwischen Ösis und Ossis wird immer besser", tröstet sich Frenzel.

Wie erklärt der Unternehmer Frenzel seinen Erfolg in zwei Systemen, der Plan- und der Marktwirtschaft? „Wir sind immer menschlich geblieben, haben unseren gesunden Menschenverstand gebraucht und das Machbare gemacht", antwortet der Pragmatiker hinter dem Lenkrad der Frenzel-Gruppe. Seine Mitarbeiter sind für ihn Kollegen, mit den älteren duzt er sich seit Jahren, das Unternehmen ist seine große Familie. Die gemeinsame Weihnachtsfeier mit den Kollegen aus Brandenburg und Thüringen schweißt die Frenzel-Mannschaft noch enger zusammen. Weitsichtig sein, den immer schnelleren Wandel der Wirtschaft vorausahnen, muss man schon, sagt Frenzel. Man muss dranbleiben und das Machbare machbar machen, ergänzt er seinen unternehmerischen Wahlspruch.

Sein Unternehmen lässt den Alleingesellschafter auch im Urlaub nicht los. Es ist zu seinem Leben geworden, sitzt mit am Tisch. Er hat die Unternehmerkrankheit, nicht richtig abschalten zu können, ruft im Urlaub zweimal am Tag in der Firma an. Für seine dritte Frau, die das Frenzel-Marketing leitet, und ihren gemeinsamen siebenjährigen Sohn Maximilian stört das die Urlaubsfreude. Macht ihm sein Unternehmerleben Spaß? „Spaß macht es, wenn die Zahlen stimmen", antwortet der pfiffige Sachse. „Wenn sie nicht stimmen, macht es keinen Spaß." Bislang haben Frenzels Zahlen immer gestimmt.

Wenn die Markteinführung neuer Produkte wie die der Tiefkühlkostmenüs oder der Dampfgarschalengerichte für die Mikrowelle gut läuft, hat er angenehme Träume. Dann nehmen die naive Möhre Helga, die schnippische Schote Justine und der weise Blumenkohl Balthasar aus Frenzels Tiefkühlmärchen den Mittfünfziger mit auf ihre Reise durch die Welt des Gemüses und der Vitamine. Volkmar Frenzels Weg vom Ein-Mann-Betrieb in der DDR zum deutsch-österreichischen Tiefkühlproduzenten mit 600 Beschäftigten und 165 Millionen Euro Umsatz trägt selbst märchenhafte Züge. Nur ein Wunder ist diese Unternehmer-Karriere nicht. Sie ist die Frucht harter Arbeit, klug kalkulierter Risiken und das Nutzen von Chancen, die sich rechnen.

Der T-Shirt-Individualist

Spreadshirt-Gründer Lukasz Gadowski revolutioniert den E-Commerce

„Gut ist nicht gut genug. Man muss außergewöhnlich gut sein."

Lukasz Gadowski

Spreadshirt

Spreadshirt ist die Antwort auf den Wunsch nach individueller Kleidung und dem wachsenden Bedürfnis nach Personal Branding. Spreadshirt-Kunden sind:

Käufer. Ähnlich wie durch Tattoos, Handy Skins oder eine Myspace Webseite können Kunden zeigen, wer sie sind: durch das, was sie tragen. Durch eigen gestaltete T-Shirts, Sweatshirts, Jacken, Taschen, Accessoires.

Verkäufer. Mit Spreadshirt können Verkäufer ihre Kreationen anbieten, ohne sich Gedanken zu machen über Lagerhaltung, Druck, Versand, Bezahlung und Kunden-Service. Ein Spreadshirt Shop kann sowohl kostenlos eingerichtet als auch betrieben werden.

Spreadshirt wurde 2002 in Leipzig ohne Fremdkapital gegründet und beschäftigt inzwischen mehr als 250 Mitarbeiter in Europa und den USA.

Spreadshirt-Zentrale
Karl-Heine-Str. 97
04229 Leipzig
Tel.: 0180 53350440
Fax: 0341 94016129
E-Mail: info@spreadshirt.net

Wie schön ist es doch, dass Englisch die lingua franca der virtuellen Welt ist. Post-Bubble-Pioneer klingt poppig, hat Pep und weckt ganz anders als das deutsche Wort „Nach-Blasen-Pionier" keine Prostata-Assoziationen. Lukasz Gadowski ist ein Post-Bubble-Pioneer, verkauft weiße und gelbe T-Shirts mit dieser Aufschrift. Er ist „Founder" und „Präsident" von Spreadshirt. Spreadshirt ist die „T-Shirt-Bude" Deutschlands im Internet, 2002 von Gadowski gegründet, als er noch im sechsten Semester an der Handelshochschule in Leipzig Betriebswirtschaftlehre studiert. Seine Botschaft heißt natürlich nicht „Botschaft" sondern „mission statement" und beginnt mit dem überaus zurückhaltenden Satz: „Wir machen Spreadshirt zur weltweiten Kreativplattform für Kleidung."

Gadowski ist einer der Vorreiter des social commerce, wie der neue Trend im Online-Handel heißt. Bei Spreadshirt kann man nicht nur T-Shirts nach eigenem Design drucken lassen, sondern auch seinen eigenen T-Shirt-Shop einrichten. Die Sprd.net AG übernimmt das gesamte Handling von der Order bis zum Versand. Die Shop-Gründerwelle verbreitet sich wie ein Grippevirus im nasskalten Winter. 2007 zählt Spreadshirt bereits 300.000 Shoppartner, darunter sind Bravo und Becks-Bier, Ärzte-ohne-Grenzen und Olli Kahn.

Ein Web.2.0-Unternehmer will Gadowski mit der Spreadshirt-Gründung nicht sein, obwohl er für viele einer der Gurus des Mit-Mach-Webs ist. Web.2.0 – das ist für Gadowski ein Mode- und Marketingschlagwort für die Rehabilitationsphase des Netzes, das in den Jahren 2000 und 2001 als Geldvernichtungsmaschine in Verruf geraten ist. Web.2.0 steht für die neuen Entwicklungen im Internet nach dem Platzen der dotcom-Blase im März 2000 und dem darauf folgenden Massensterben der dot.com-companies. Ein Web.2.0-Unternehmen ist, definiert Gadowski, ein internetbasiertes Unternehmen, das in oder nach der Rehabilitationsphase des Webs entstanden ist. Mit Spreadshirt war er etwas schneller, hat aber gleichwohl den PR-Effekt genutzt, den Spreadshirt die Einordung als Web.2.0-Unternehmen beschert hat. Das schreibt er freimütig und selbstironisch in seinem Internettagebuch, sorry auf seinem „personal german blog, focus on entrepreneurship www.gruenderszene.de".

Mit „Hello World!" begrüßt Gadowski dort die Blogger. Auf „www.gruenderszene.de" berichtet er mit manchmal gewöhnungsbedürftigem Humor über „olds and news" der deutschsprachigen Gründerszene. Er tut dies, wie er schreibt, weil er ein großer Fan von Unternehmertum und zudem der Meinung ist, dass Deutschland auf diesem Feld noch riesigen Nachholbedarf hat. Sein Blog soll einen Beitrag zur Erweiterung der deutschen Gründerszene leisten. Weil er sich für Gründer engagiert, erklärt er sich auch zu einem Gespräch über den „Unternehmer-Code" bereit, an einem späten, schwül-warmen Freitagnachmittag. Nach einer harten Arbeitswoche ist er leicht angeschlagen. Aus seinem kleinen schlichten Büro in der Spreadshirt-Zentrale schaut man auf den immer noch trostlos wirkenden Leipziger Industriestadtteil Plagwitz. Gadowski, der mit Spreadshirt im obersten Stock des Technologiezentrums GaraGe Quartier bezogen hat, inspiriert die Kulisse aus Verfall und Erneuerung.

First Generation Immigrants geben oft gute Unternehmer ab, konstatiert der knapp Dreißigjährige, ebenso selbstbewusste wie selbstkritische Gründer. Gadowski weiß, wovon er redet. Er wird 1977 im polnischen Prudnik (Oberschlesien) geboren, wächst als Kleinkind, weil der Vater bereits in Deutschland ist, bei seiner Mutter auf. Die betreut ihn liebevoll, aber erzieht den kleinen Lukasz eigentlich nicht. „Ich konnte machen, was ich wollte." Eineinhalb Jahre geht er in Polen zur Schule, ist ein eher stiller und introvertierter Schüler. Aber das ändert sich, als er im achten Lebensjahr mit seiner Mutter in Deutschland einwandert. Lukasz, der noch kein Deutsch spricht, steht plötzlich im Mittelpunkt, die Mitschüler interessieren sich für ihn. Im Unterricht geht es weniger diszipliniert zu als in Polen und Lukasz wird weniger gefordert. Er lernt früh, eigenständig zu sein, die Eltern lassen ihm Freiräume.

Der Vater, der auf Disziplin achtet, hat wenig Zeit für seinen Sohn. Die Erfahrung aus zwei Kulturkreisen, die Erkenntnis der Variabilität gesellschaftlicher Systeme, gibt ihm das Gefühl, Entwicklungen und Entscheidungen beeinflussen zu können. „Man bekommt ein Gespür dafür, dass die Dinge nicht so sein müssen, wie sie sind, sondern dass man sie verändern kann."

Hinzu kommt bei dem First-Generation-Immigrant Lukasz Gadowski seine soziale Mobilität. Er will aufsteigen, muss Ehrgeiz entwickeln.

Aus einer Unternehmerfamilie kommt er nicht. Zwar hat sein Vater neben der Arbeit in Polen eine Zeit lang ein Fotogeschäft betrieben, es aber wieder aufgeben müssen, weil es neben dem Job nicht erfolgreich zu führen war. Gadowski wächst in Kassel auf, macht dort sein Abitur. Er ist eine Leseratte. Schon als Schüler interessiert er sich stark für Naturwissenschaften und Technologien, erwägt ein naturwissenschaftliches Fach zu studieren, macht aber zunächst Zivildienst, schaut sich kurz auch die Politik an. Aber dort sieht er nicht seine Zukunft.

Er will in seinem späteren Beruf etwas bewegen, Entwicklungen beeinflussen und verändern können. Er sucht nach dem Hebel, um gestalten zu können. Den sieht er darin, Unternehmer zu werden. Die Möglichkeit, als Unternehmer viel Geld für privaten Konsum zu verdienen, reizt ihn nicht, eher die Aussicht, dann über genügend Ressourcen zur Umsetzung seiner Ideen zu verfügen. Die Freiheit, Unabhängigkeit und Gestaltungsmöglichkeiten eines Unternehmers faszinieren ihn.

Mit dem Ziel, Unternehmer zu werden, wählt er unter verschiedenen Studiengängen das Fach Wirtschaftsinformatik aus. Er studiert es in Paderborn, auch deshalb, weil es dort Campus Consult, eine studentische Unternehmensberatung gibt. Bei Campus Consult kann er an Projekten mitarbeiten und Unternehmen beraten. Manche Beratungsaufträge, wie den über ein neues Dichtungssystem, erfüllt das Campus-Beratungsteam weder zu seiner eigenen noch zur Zufriedenheit der Kunden. „Wir haben fünf Mal soviel gearbeitet wie wir abgerechnet haben, aber zufrieden war niemand", erinnert sich Gadowski.

Nach seiner Mitarbeit bei Campus Consult engagiert er sich bei „Mobile Commerce". Das Mobile-Commerce-Team will Preisvergleiche per SMS machen. Gadowski ist eine der treibenden Kräfte. Aber die Idee ist nicht richtig durchdacht, die Aufgaben sind im Team nicht klar verteilt, es kommt zum Streit.

Im dritten Semester gründet er zusammen mit Kommilitonen sein erstes eigenes Unternehmen, eine Beratungsgesellschaft für Controlling. Die Firma verkauft Controllingsoftware, aber die vier Gründungsgesellschafter leben sich schnell auseinander, nach einem halben Jahr gibt Gadowski auf.

Gadowski arbeitet lieber für Beratungs- oder eigene Projekte, als konsequent zu studieren. Das rächt sich beim Vordiplom. Er schließt das Grundstudium mit mäßigen Noten ab. Dadurch verbaut er sich typische Karrierewege. Er bewirbt sich bei Roland Berger in den USA als Praktikant, bekommt nicht nur eine Absage sondern zugleich die harsche Aufforderung, sich nie wieder bei Roland Berger zu bewerben.

Seine Zeit als studentischer Consultant und seine Mitarbeit bei Mobile Commerce empfindet er als persönliche Niederlagen, beides hat nicht gut funktioniert. Daraus zieht er den Schluss, auf seinem Weg zum Unternehmer noch viel lernen zu müssen. Er bewirbt sich um Praktika. Aber die Unternehmen wollen ihn zunächst nicht als Praktikanten. Seine Noten im Vordiplom sind zu schlecht, außerdem hat Paderborn nur einen guten Ruf für Wirtschaftsinformatik, aber nicht für Wirtschaftswissenschaften. Deswegen schreibt sich Gadowski an der Uni Mannheim ein, wo die Reputation besser ist, und bekommt Praktikantenplätze. Darunter ist auch ein Praktikum bei Mundwerk, einer Firma, die Spracherkennungssysteme herstellt.

Später wechselt er – angezogen von dem exzellenten Ruf dieser Hochschule – an die private Handelshochschule in Leipzig, finanziert die 4.000 Euro an Studiengebühren mit Hilfe eines Sparkassenkredits.

Auf die Geschäftsidee für Spreadshirt kommt Gadowski durch einen Kontakt aus seiner Zeit als studentischer Berater. Er hat einen kleinen Kasseler T-Shirt-Drucker über zwei Jahre strategisch-organisatorisch beraten und Einblick in den Textildruck-Markt bekommen. So weiß er, dass es auf diesem Markt Geschäftschancen gibt. Seine Idee besteht aus zwei Innovationen: Zum einem aus dem Druck von individuell gestalteten Textileinzelstücken in hoher Qualität und kurzer Zeit. Dafür gibt es schon die Technik, nur hat noch niemand die dafür notwendigen Prozesse optimiert. Zum anderen liegt die Geschäftsidee in der internetbasierten Unternehmensstruktur. Spreadshirt erlaubt jedem Nutzer, im Internet seinen eigenen Shop mit seiner Kollektion zu eröffnen. To spread heißt auf Englisch verbreiten. Das „Verteilen" der T-Shirts über das Internet liefert den Firmennamen.

Gadowski kennt in Berlin den Betreiber einer Auto-Web-Site. Dieser schreibt die erste Web-Site für Spreadshirt. Aus der zunächst geplanten gemeinsamen Gründung wird nichts, die Auffassungen sind zu unterschiedlich. Gadowski versucht, die Idee allein umzusetzen. Er ist 23 Jahre alt und studiert zu dieser Zeit im sechsten Semester. Es gibt einen Business-Plan. Nur Gadowski hält sich nicht daran, die Prognosen erfüllen sich dennoch. Er wird zu einem Erfolgs-Drucker der anderen Art. Gedruckt und versendet werden die ersten T-Shirts von der Firma, die Gadowski zuvor beraten hat. Einer seiner ersten Kunden ist der Betreiber von dot.com-Tod, einer Diskussionsplattform im Netz über das Sterben der New-Economy-Firmen. Der Techniker Matthias Spieß, der die Site programmiert hat und wartet, beschwert sich bei Gadowski über die mangelnde Funktionalität und Sicherheit der Spreadshirt-Site. Er wird Gadowskis Geschäftspartner und Mitbegründer von Spreadshirt, erhält zunächst ein Drittel, später die Hälfte der Unternehmensanteile. Heute, nachdem sich Wagniskapitalgeber an Spreadshirt beteiligt haben, gehören Gadowski und Spieß zusammen noch die Mehrheit der Anteile.

Beim Start haben Business-Angels Gadowski und Spieß abblitzen lassen, die Banken halten die Gründer hin und weigern sich schließlich, ihnen einen geförderten Kredit zu geben, weil sie nicht in Assets investieren und keine Sicherheiten bieten können. Das kostet sie unnötig Zeit. Schließlich finanzieren die beiden Gründer den Aufbau von Spreadshirt ohne Kredit, allein aus dem Verkauf von T-Shirts.

Große Sprünge kann Gadowski am Anfang nicht machen. Er lebt von BaföG und dem Kredit der Ausgleichsbank für Studenten. Spieß zehrt noch von dem Geld, das er zuvor verdient hat.

Die Gründerzeit ist hart für Gadowski. An der Handelshochschule in Leipzig kann er nicht mehr wie in Paderborn nebenher studieren. Er wird gefordert, muss wirklich studieren. Zwischen 16 und zwanzig Stunden arbeitet er in dieser Zeit für das Studium und Spreadshirt. Um sein Pensum zu schaffen, führt er Listen. Darin hält er fest, von wann bis wann er geschlafen hat. So will er verhindern, dass er zu wenig schläft und deshalb nicht produktiv ist. Mitte 2003 macht er sein Examen als Diplomkaufmann.

Spreadshirt wächst stürmisch. In fünf Jahren wird aus dem Leipziger Zwei-Mann-Betrieb ein über 250 Mitarbeiter zählendes Unternehmen mit Niederlassungen in Frankreich, Spanien, den Niederlanden, Schweden, Polen und den USA. Umsatz- und Ertragszahlen publiziert Spreadshirt nicht. Das schnelle Wachstum von Spreadshirt erklärt Gadowski mit dem guten Geschäftsmodell, der ehrlichen Kommunikation, dem guten Marketing und Service, der schnellen Internationalisierung und der großen Sorgfalt bei der Personalauswahl. „Wir haben immer gesagt, gut ist nicht gut genug. Wir wollen außergewöhnlich gute Mitarbeiter."

Gadowski hat nicht vergessen, wie Business Angels und Banken ihm bei seinem Start die kalte Schulter gezeigt haben. Er will es als Starthelfer anders machen.

Ende Oktober 2005 gründet er gemeinsam mit Matthias Spieß, Ehssan Dariani und Dennis Bemman das Online-Netzwerk für Studenten „StudiVZ.net". Gadowski und Spieß beteiligen sich mit je 5.000 Euro und helfen mit Kontakten und als Coaches. Die Idee ist, wie Gadowski freimütig einräumt, von dem amerikanischen Studentennetz „Facebook" abgekupfert. Ende 2006 verkaufen die StudiVZ-Gründer das Studentennetz mit 2,4 Millionen Nutzern an die Verlagsgruppe Georg von Holtzbrinck, die schon zuvor zu den Anteilseignern zählte. Seinen Anteil am Verkaufserlös, der nach Branchenschätzungen insgesamt zwischen 50 und 85 Millionen Euro beträgt, nutzt Gadowski für seine Business-Angel-Aktivitäten. Er beteiligt sich an viel versprechenden Internet-Startups und begleitet sie, ohne Teil des Managements zu werden. Mitte 2007 hält er etwa 25 Beteiligungen zwischen 5.000 und 150.000 Euro. Bei acht ist er als aktiver Business-Angel tätig, beim Rest nur Finanzinvestor. Etwa 40 Prozent seiner Zeit verwendet er auf seine Beteiligungen, 60 Prozent auf seine Aufgaben bei Spreadshirt. Wenngleich Gadowski in seiner neuen Rolle als Präsident und Gründer dem operativen Geschäft von Spreadshirt den Rücken kehrt, bleibt er dem Unternehmen erhalten. Spreadshirt ist seine Erfolgsgeschichte, sein „Baby". Er ist weiterhin Mitglied des Vorstands und bestimmt die Firmenstrategie maßgeblich mit. Durch den Rückzug von der Führungsspitze will Gadowski mehr Zeit für seine Angel-Investments und seinen Blog Gründerszene finden. „Das Unternehmertum ist und bleibt meine Passion," kommentiert er den Führungswechsel. Ein Börsengang von Spreadshirt ist nicht geplant, jedoch auch nicht ausgeschlossen.

Gadowski erkennt sich wieder in den Persönlichkeitsmerkmalen, die die Wissenschaftler Unternehmern zuschreiben, von dem starken Leistungswillen über die Riskoneigung bis hin zur emotionalen Stabilität. Bei den von den Wissenschaftlern genannten typischen Unternehmereigenschaften vermisst er jedoch das Merkmal der Umsetzungsstärke. Ohne diese Umsetzungsstärke hätte er Spreadshirt nicht gründen können, meint er. Ein erfolgreicher Unternehmer müsse jedoch auch kreativ und intelligent sein, analytisch und strukturiert denken können. Diese Eigenschaften und Fähigkeiten würden ererbt.

Fehler hat er nach eigenem Bekunden nicht nur während seiner Zeit als studentischer Consultant, sondern auch beim Aufbau von Spreadshirt gemacht. Er hätte sich manchmal mehr Zeit für die Einarbeitung von Mitarbeitern nehmen müssen, sagt Gadowski im Rückblick. Manchmal habe er auch Informationen ignoriert. „Wenn ich Fehler gemacht habe, habe ich sie meistens im Personalbereich gemacht." Spreadshirt habe auch zu spät angefangen, Strukturen aufzubauen.

Gadowski hat einen Unternehmerpreis nach dem anderen abgeräumt. Über die Auszeichnung als Internet-Unternehmer des Jahres 2005 hat er sich besonders gefreut. Aber er hat auch Erfahrungen im Scheitern. Er macht sich zwar gelegentlich Sorgen, hat Zweifel, ob die eingeschlagene Strategie wirklich die richtige ist, stößt zuweilen Entscheidungen um, aber Angst vor dem Scheitern oder Albträume hat er nicht. „Try, fail, try, fail, try and succeed", ist einer seiner Wahlsprüche. Bereut hat es bislang nicht einen Tag, Unternehmer geworden zu sein. „Der Erfolg ist doch super", sagt er.

Die Gefahr einer Web.2.0-Blase, die genauso wie die New-Economy-Blase platzen könnte, sieht er nicht. Es werde sicher Pleiten geben, aber es sei mehr Substanz da, die Firmen seien nicht so überbewertet wie 2000, der Markt wachse und sei reifer als damals, unterstreicht Gadowski die Unterschiede zum dot.com-Hype.

Gadowski ist nicht nur Unternehmer sondern auch Blogger, der gern Journalisten Konkurrenz macht. Mehrfach hat er schon in Interviews seine kleine Web-Kamera herausgeholt, den Interviewer interviewt und das gefilmte Gespräch auf die Seite „www.gruenderszene.de" gestellt. Er fragt den Autor, warum dieser das Buch „Der Unternehmer-Code" schreibt. Zu hören sein werden die Antworten allerdings nicht. Die Batterie gibt nach wenigen Sekunden den Geist auf. Sie ist nicht geladen.

Das Kontaktgenie

Lars Hinrichs –
der deutsche Pionier des Social Networking

„Ich habe nie einen Plan B, ich habe immer nur einen Plan A."

Lars Hinrichs

XING AG

Lars Hinrichs hat 2003 die Internetkontaktbörse für Geschäftsleute gegründet. Bis zum November 2006 hieß das Online-Kontaktnetz OPEN Business Club (openBC). Im Dezember 2006 hat die XING AG mit ihrem erfolgreichen Börsengang als erstes Web.2.0-Unternehmen den Trend des Social Networking für Geschäftsleute nachhaltig geprägt. Durch die Fokussierung auf die Zielgruppe „Geschäftsleute weltweit" ist das Unternehmen in der Lage, maßgeschneiderte Funktionen anzubieten und so Networking und Kontaktmanagement zu vereinfachen. Die XING AG ist über ihren Hauptsitz in Hamburg hinaus in Barcelona (eConozco, Neurona) und Peking vertreten. Die XING AG vernetzt inzwischen vier Millionen Menschen. Das Unternehmen setzte 2006 zehn Millionen Euro um. Mitte 2007 beschäftigte XING 111 Mitarbeiter aus 21 Nationen.

XING AG
Gänsemarkt 43
20354 Hamburg
Internet: www.xing.com

Hamburgs feine Gesellschaft trifft sich in Clubs. Einer dieser exklusiven Clubs ist der Überseeclub im Amsinck-Haus am Neuen Jungfernstieg. Hier residiert auch das Fünf-Sterne-Hotel „Vier Jahreszeiten", liegt Hamburgs gute Stube. Aus dem roten Salon und dem Jenisch-Zimmer des Überseeclubs schaut man auf die von grünen Kupferdächern gesäumte Binnenalster und sieht die Alsterschiffe vorbei fahren. Der Bankier Max M. Warburg hat 1922 die Initiative zur Gründung dieses Clubs von Hamburger Kaufleuten und Industriellen ergriffen. Friedrich Ebert, John Maynard Keynes, Hjalmar Schacht, Gustav Stresemann, Hermann Josef Abs, Charles de Gaulle, alle Bundespräsidenten und Bundeskanzler, Francois Mitterand und Josef Kardinal Ratzinger, der spätere Papst, haben hier gesprochen. Im Überseeclub trifft man sich aber nicht nur zu Vorträgen, sondern um Kontakte aufzubauen und zu pflegen, Geschäfte anzubahnen, Karrieren zu ermöglichen oder zu beenden.

Vom Neuen Jungfernstieg bis zum Gänsemarkt 43 sind es nur wenige Schritte. Dort sitzen verteilt auf drei Etagen die meisten der weltweit 111 Mitarbeiter des Internet-Business-Clubs XING. Lars Hinrichs hat 2003 diesen Club gegründet. Bis zum November 2006 hieß er XING OPEN Business Club, kurz openBC. Die Internetkontaktbörse für Geschäftsleute ist das Web.2.0-Gegenmodell zu Hamburgs geschlossener Clubgesellschaft. Die XING AG vernetzt inzwischen vier Millionen Mitglieder aus aller Welt.

Lars Hinrichs ist nicht gerade eine Plaudertasche, eher ein typischer Norddeutscher der bedächtigen Art. Niemand vermutet in ihm ein Kontaktgenie. Und doch beruht auf Kontakten sein Geschäftsmodell. Die Welt schrumpft bei XING zum globalen Dorf, getreu der These des US-Sozialpsychologen Stanley Milgram „Jeder kennt jeden um sechs E-cken". XING macht Kontaktnetze sichtbar. Lars Hinrichs. „Es geht darum, schneller die relevanten Leute zu finden, seine eigenen Kontakte besser zu managen. Wir lösen Barrieren auf, die Sprachbarriere, die Barriere der Zeit, die Barriere der Regionalität und des Raumes." Bei XING gibt es über 7.500 Unterclubs, viele Branchenclubs. Der Trend geht zu mehr Relevanz bei den Kontakten und zur Bildung von Teilgruppen. Bei XING kann man selbst bestimmen, zu wem man Kontakt haben will und von wem man selbst kontaktiert werden möchte. Wer sich bei XING anmeldet, trägt berufliche und private Kontaktdaten in sein Profil ein, kann ein Foto von sich hochladen, unter „Ich biete" und „Ich suche", sein Networking-Anliegen genauer definieren und Kontakt zu anderen XING-Teilnehmern knüpfen. Wer welche Daten einsehen kann, können die XING-Teilnehmer von Kontakt zu Kontakt selbst bestimmen.

Sinn und Nutzen der Visitenkarte mit Suchfunktion im Internet liegen im Erschließen neuer Vertriebskanäle, in der Anbahnung und Beschleunigung von Geschäften, dem Finden neuer Jobs oder Mitarbeiter, dem Kontakt zu Entscheidungsträgern oder Menschen mit gleichen Interessen. Die XING-Mitgliedschaft ist kostenlos, es sei denn man will Premium-Mitglied werden. Aus den Gebühren für die Premium-Mitgliedschaft finanziert sich XING. Für das Geld wird man mit zusätzlichen Funktionen ausgestattet. Im Sommer 2007 beträgt die Premiumgebühr 5,95 Euro im Monat. 12,3 Prozent der XING-Teilnehmer weltweit zahlen die Gebühr, in einzelnen deutschen Städten wie Hamburg und München liegt ihr Anteil bereits bei knapp 20 Prozent. 2006 haben sie damit für einen Umsatz von zehn Millionen Euro gesorgt.

An Kritik mangelt es nicht. Sie reicht von der Behauptung, XING habe sich zu einer reinen Dating-Plattform entwickelt bis hin zu Datenschutzbedenken, der unfreiwilligen Preisgabe des Rechtes auf informationelle Selbstbestimmung durch die Unkenntnis der Schutzeinstellungsmöglichkeiten der eigenen Kontakte.

Der gewohnungsbedürftige Name knüpft an die Abkürzung für Crossing an, die als XING in den USA auf viele Straßenkreuzungen gemalt ist. Auf Chinesisch heißt XING so viel wie „Ich kann es tun". Für Europäer ist das Kunstwort kurz und prägnant. „Wenn man einmal das Logo sieht, wird man es nicht mehr vergessen. Mit XING haben wir einen Namen gewählt, der in verschiedenen Kulturen verstanden wird. openBC haben englische Muttersprachler nicht verstanden, das BC ist von manchen als „before Christ" gelesen worden und Topleute wollen nicht in einen für jedermann offenen Club. Zudem hat es zu viele Club-Nachgründungen mit ähnlichem Namen gegeben. Das hat den Aufbau einer Marke erschwert", erklärt XING-Vorstandschef Lars Hinrichs.

Hinrichs fechten Spott und Kritik nicht an. Er verweist auf Tausende von Erfolgsgeschichten, die seine Online-Plattform hervorgebracht hat. Einige davon sind auf der XING-Homepage nachzulesen. Der deutsche Pionier des Social Networking bestreitet, dass er seine Geschäftsidee wie andere Web2.0-Unternehmer aus den USA abgekupfert hat. Tatsächlich sind openBC und das us-amerikanische Pendant „LinkedIN" mit heute elf Millionen Mitgliedern beide 2003 gegründet worden.

Lars Hinrichs ist, als er vom Esszimmer aus openBC startet, kein unbeschriebenes Blatt mehr. Der Spross einer Hamburger Kaufmannsfamilie, die seit 1936 im Zwillingsbau am Gänsemarkt 43 und 44 Büroräume besitzt und die Stadtbäckerei Heinz Böse betreibt, ist ein schon in jungen Jahren erfahrener Internet-Fuchs. Er ist ein mittelmäßiger Schüler, aber voller Neugier und technologiebegeistert, erarbeitet sich als Autodidakt Netzkenntnisse, überzieht das Telefonkostenbudget, das ihm die Eltern zur Verfügung gestellt haben. Er muss sehen, wie er zu Geld kommt. Er fährt für eine Apotheke Medikamente aus, arbeitet in einem Baumarkt und beginnt als fünfzehnjähriger Gymnasiast Konzepte zu schreiben, wie man als Firma in das Internet kommt. Die verkauft er gleich mehrfach, baut Web-Seiten und lernt dabei, dass der eigentliche Nutzen in der technischen Skalierbarkeit einer Idee liegt.

Das Verhältnis von elterlicher Führung und Freiräumen nennt Hinrichs richtungweisend. Er sei ziemlich beratungsresistent gewesen und habe letztlich das gemacht, was er wollte, sagt er im Rückblick auf seine

Kindheit. Er weiß früh, er will Unternehmer werden. „Was Eigenes zu machen, bedeutet Freiheit. Man kann die Dinge tun, die einem selbst wichtig sind. Unternehmer zu werden, war für mich eine Art Lebensplan. Der Virus war vorinstalliert", sagt Hinrichs.

Über seine Familie schweigt er sich aus. Als er für openBC die Büroräume am Gänsemarkt mietet, erfährt der Großvater erst vom Makler, dass der neue Mieter sein Enkel ist. Hinrichs will durch sein Schweigen verhindern, dass ihm sein Großvater hilft. Was Hinrichs selbst verschweigt, schreibt Bill Liao, XING-Aufsichtsrat, Hinrichs Freund und Berater nach dem Tod von Heinz Richard Böse in seiner Würdigung im openBLOG, dem Company Weblog von XING. Liao erinnert sich, der Großvater habe ihm einmal erklärt, wie stolz er auf Lars und dessen geschäftliche Erfolge sei. Lars, meint Liao, habe sicherlich viel von seinem unternehmerischen Geschick vom Großvater geerbt genauso wie seinen Charme und seine menschliche Wärme. Ein besseres Vorbild kenne er nicht.

Als Lars nach dem Abitur zur Bundeswehr auf die Bonner Hardthöhe geht, bringt er als Wehrdienstleistender zusammen mit einem Offizier unter „www.Bundeswehr.de" die Truppe ins Netz und erspart dem Verteidigungsministerium manche Kosten.

Mit seinem Freund Bottcher gründet der 22-Jährige das Politik-Portal „Wahlkampf 98", die erste Contentsyndizierung in Deutschland. Die Betreiber erhalten die Rechte, Beiträge von anderen Seiten auf ihrem Portal noch einmal zu veröffentlichen. Auf „Wahlkampf 98" laufen auch die ersten Chats mit Politikern. Das Portal, mit dem Böttcher und Hinrichs Neuland betreten, verschafft ihnen viel Publizität und Kontakte. Aus „Wahlkampf 98" entsteht „Politik Digital", ein Portal mit Politiker-Chats, für das Hinrichs den ersten Grimme Online Award bekommt.

Im Jahr 2000 gründet er mit seinem Freund das PR-Beratungs- und Softwareunternehmen „Böttcher-Hinrichs AG". Das Ziel ist es, Internet-Start-ups zu beraten. Aber die beiden Gründer machen zuviel gleichzeitig, verzetteln sich. Ihre Kunden sterben reihenweise den Dotcom-Tod. Boettcher und Hinrichs wollen die Firma liquidieren, Geld an die Risikokapitalgeber, die 3,5 Millionen Euro investiert haben, zurückzahlen. Aber

die Richtlinien der KfW, die zu den Kreditgebern zählt, lassen nur voll-
ständige Rückzahlung oder Insolvenz zu. Boettcher und Hinrichs müssen
Insolvenz anmelden. 3,5 Millionen Euro Risikokapital verbrennen, die
Freundschaft stirbt mit der Firma. Hinrichs hat, wie er stets sagt, den
teuersten MBA-Kurs aller Zeiten hinter sich, absolviert an der „university of hard knocks". Nach der Pleite erstellt er eine Liste mit hundert
Fehlern, die er gemacht hat und nicht wiederholen will.

Hinrichs nimmt eine Auszeit, fährt drei Monate nach Mexiko und Kuba.
Aus dem Desaster zieht er zwei Schlüsse. Er will künftig nur noch Dinge
tun, die er wirklich gern und mit Leidenschaft macht. Und: Nur einer
kann eine Firma führen. Die Böttcher-Hinrichs AG ist auch daran gescheitert, dass sich die beiden Gründer nicht über Ziele und Wege einigen
konnten.

Bar aller Ressourcen ist Hinrichs nicht. Während des Internet-Hypes hat
er Geld in andere Firmen investiert. Damit war er erfolgreicher als mit
seinem eigenen Unternehmen. Diese Ressourcen nutzt er, steckt 30.000
Euro in die Gründung von openBC. Die Idee dazu ist ihm in der Karibik
gekommen. Er erkennt, dass er gern Kontakte vermittelt und entwickelt
aus Stanley Milgram These des Kleine-Welt-Phänomens seine Geschäftsidee: Den Aufbau einer Web-Plattform für die Suche und das Management von Business-Kontakten. Eine Woche nachdem er die Idee hat, sitzt
er beim Notar. openBC soll schnell Cash einspielen. Das gelingt auch
durch die Gebühreneinnahmen der Premiummitglieder. Später beteiligen
sich Business Angels. Der Börsengang im Dezember 2006 bringt insgesamt 75 Millionen Euro. Der Firma bleiben davon 35,7 Millionen Euro
als Kapitalerhöhung. Mit einem Anteil von 27,7 Prozent ist Hinrichs der
größte Einzelaktionär von XING.

Nach der Eroberung des deutschen und der Konsolidierung des spani-
schen Marktes, dem Markteintritt in China, will Hinrichs jetzt auf dem
amerikanischen Markt expandieren. Als das größte Asset von XING sieht
er die 64 Millionen Verbindungen, die die Plattform derzeit managt. Dies
will er ausbauen.

Eine Web.2.0-Blase, die genauso wie die dot.com-Blase platzen könnte, befürchtet Hinrichs nicht. Es gebe deutlich weniger Firmen als im Jahr 2000, viele wüssten heute, was funktioniert und was nicht. Auch sei es viel kostengünstiger geworden, Internetfirmen zu gründen. Aber Pleiten werde es auch wieder geben.

Die von den Wissenschaftlern für Unternehmer genannten typischen Eigenschaften wie Leistungs-, Erfolgs- und Durchhaltewillen unterstreicht auch Hinrichs. Das Wort Risikoneigung hält er für falsch. „In Deutschland wird anders als in den USA und China immer über die Risiken gesprochen, über das, was alles schief gehen kann, und viel zu wenig über die Chancen. Aber es gibt genug Chancen. Die Menschen sehen sie nur nicht oder wollen sie nicht sehen."

Über die Unsicherheiten, die mit unternehmerischer Selbstständigkeit verbunden sind, denkt er nicht nach. „Ich habe nie einen Plan B, ich habe immer nur einen Plan A. Wenn der nicht funktioniert, entwickele ich einen neuen Plan A. Es kommt nur darauf an, mehr richtige als falsche Entscheidungen zu treffen. Ich vertraue meinem Bauchgefühl. Der erste Gedanke ist auch meistens der richtige."

Eine zentrale Eigenschaft von Unternehmern sieht er darin, ihre Mannschaft optimal zusammen zu stellen, Mitarbeiter zu finden, die in einzelnen Bereichen deutlich besser sind als der Unternehmer selbst. Dies war auch ein Grund, weshalb er nicht studiert hat. Der Dekan der Universität Witten-Herdecke hat Hinrichs erklärt, dass man Sachverstand wie etwa für Finanzen und Controlling einkaufen könne und nicht selbst im Studium erwerben müsse.

Wie viele spätere Unternehmer, kann sich Lars Hinrichs schlecht in Hierarchien einordnen. „Mit Hierarchien habe ich kein Problem, wenn ich oben stehe", sagt der Dreißigjährige lachend. Dominant zu sein, sei kein guter Führungsstil, es gehe um das Orchestrieren.

Hinrichs liebt hanseatisches Understatement, kokettiert mit dem Satz. „Ich glaube, ich kann nichts wirklich richtig." Er mache auch nicht gern Dinge konsequent fertig. „Vielleicht habe ich das Talent, Ideen zu haben und Chancen zu sehen, die andere nicht sehen. Ich schiebe gern Entwicklungen an. Vielleicht kann ich auch die richtigen Leute für das Unternehmen gewinnen. Aber ich könnte keine Bilanz aufstellen. Ich brauche immer wieder etwas Neues. Ich bin ein Informationsjunkie, brauche neue Herausforderungen, neue Technologien, neue Möglichkeiten. Ich suche immer etwas, was vor mir noch niemand gemacht hat."

Was treibt den Unternehmer Lars Hinrichs? Sicherlich die Chance der Selbstverwirklichung und der Gelegenheit, seinen persönlichen Leidenschaften nachzugehen. „Nur wenn man tun kann, was man wirklich gern tut, kann man richtig gut sein." Hinzu kommt für Hinrichs die Unabhängigkeit. „Geld kann nie ein Motiv sein, sich für die unternehmerische Selbstständigkeit zu entscheiden. Es entsteht als Nebenprodukt, wenn ein Geschäftskonzept gut funktioniert". Hinrichs Wahlspruch passt gut zu dieser Einstellung: „Wer aufhört, besser werden zu wollen, ist irgendwann nicht mehr gut." Alfred Herrhausen, der ermordete Vorstandssprecher der Deutschen Bank, hat ihn geprägt. Für alle, die Unternehmer werden und Erfolg haben wollen, hat Hinrichs eine Buchempfehlung parat: Die Philosophie des Erfolges, geschrieben von Napoleon Hill, dem Pionier des positiven Denkens, im Auftrag des amerikanischen Milliardärs Andrew Carnegie.

Erfolg hat, wer aus eigenen Fehlern lernt. Bei XING gehört dies zur Firmenkultur. Jeden Freitag nehmen sich die Abteilungen eine Stunde Zeit, um miteinander zu besprechen, was gut und was schlecht gelaufen ist. Daraus ist ein kontinuierlicher Informationsprozess entstanden. XING ist so zu einem selbst lernenden Unternehmen geworden.

Bereut hat es Hinrichs nicht, Unternehmer geworden zu sein. Sollte XING ihn eines Tages nicht mehr brauchen, will er wieder etwas Neues anfangen. „Solange ich gesund bleibe, werde ich immer wieder etwas Neues beginnen. Nichts ist für mich schlimmer als die Vorstellung, nichts zu tun. Ich kann höchstens zehn Minuten still am Strand herumliegen." Dolcefarniente empfindet er als Belastung, Veränderung ist für ihn das einzig Konstante. Als Workaholic sieht sich Hinrichs dennoch nicht. „Ich arbeite ja nicht", sagt er mit jenem Humor, der den Regen auf Hamburgs nassen Straßen trocknet: „Ich gehe nur meiner Leidenschaft nach."

Hallo, Mister Automation

Stefan Schiller folgt Sieghard Schiller – ein harmonischer Generationswechsel

„Man muss ein Ziel vor Augen haben und Ausdauer beweisen."

Stefan Schiller

Sieghard Schiller GmbH & Co. KG

Die 1978 gegründete Sieghard Schiller GmbH & Co KG ist Anbieter von Produktionssystemen für die Herstellung oder Handhabung von Mikroelektronik-Baugruppen einschließlich Automotive-Anwendungen, von Semiconductor-Produkten in allen Reinraumklassen und Photovoltaik-Produkten. Diese reichen von der Zellproduktion im Bereich der kristallinen Solarzellen über die Handhabung von Dünnschichtzellen bis zur kompletten Fabrikautomatisierung in der Fertigung von Dünnschichtsolarzellen. Das inhabergeführte Unternehmen erzielte 2006 einen Umsatz von 26,3 Millionen Euro, für 2007 sind 31 Millionen Euro geplant. Das Unternehmen beschäftigt 2007 rund 200 Mitarbeiter.

Sieghard Schiller GmbH & Co. KG
Automatisierungs- und Produktionssysteme
Pfullinger Str. 58
72820 Sonnenbühl-Genkingen
Tel.: 07128-386-0
Fax: 07128 386-199
E-Mail: info@Schiller-automation.com

„Nun spring schon, wir fangen Dich auf", schallt es aus den Wipfeln der hohen Buchen. Erst auf den zweiten Blick sieht man hinter dem Laub eine Schar blau behelmter kleiner Baummenschen, die über Hängebrücken balancieren oder sich wie Tarzan von Baum zu Baum schwingen. Mut müssen die 13- und 14-Jährigen Schüler haben, die im Abenteuerpark Schloss Lichtenstein ihre Kletterkunst, Kraft und Ausdauer erproben. Zehn und zwölf Meter sind die Plattformen in den Buchen hoch. Beim Blick in die Tiefe rutscht manchem Spiderman das Herz in die Hose. Dabei ist die Absturzgefahr gering. Führungs- und Sicherungsseile, die an den Stahlseilen des Kletterparks entlang gleiten, beugen Unfällen vor. Der Andrang vor dem Abenteuerpark ist ungleich größer als vor dem Eingang des Mitte des 19. Jahrhunderts hoch über dem Echaztal erbauten Märchenschlosses. Eine der Routen haben die Parkbauer auf der schwäbischen Alb das „Labyrinth", eine andere die „Folterkammer" genannt.

Sie ist für Hochseilprofis ab 18 Jahren mit Nerven wie Drahtseilen reserviert. Die Klettertouren taugten als Eignungstests für Unternehmensgründer. Aber auf die Geschäftsidee eines „Gründerparcours" der besonders fordernden Art sind die Parkbetreiber noch nicht gekommen.

Dabei ist Baden-Württemberg das Land der Wissenschaftspioniere und Erfinder. Der Verbrennungsmotor, der Zeppelin, der Airbag und das ABS, der Tempomat, die Abstandsregler und die Fischer-Dübel sind hier erfunden worden. Das „Ländle" ist eine europäische Hochtechnologieregion mit einem dichten Netz von Global Playern wie Daimler, Porsche, Bosch, Zeiss und hoch innovativen Mittelständlern. Nur 0,2 Prozent der Weltbevölkerung leben hier. Aber diese 0,2 Prozent produzieren stolze zwei Prozent des Weltexports.

Mit der Headline „Where Ideas work" wirbt die Landesregierung für Baden-Württemberg. Der Maschinenbau beweist, dass dies mehr als ein PR-Versprechen ist. Führende Unternehmen der industriellen Prozesstechnik wie Pepperl+Fuchs, Festo und Sick sind im „Ländle" zuhause, aber auch die Sieghard Schiller GmbH. Im Jahre 1978 gründet der Ostpreuße Sieghard Schiller auf der schwäbischen Alb in Sonnenbühl-Genkingen, sieben Kilometer von Schloss-Lichtenstein entfernt, ein Unternehmen für Automatisierungs- und Produktionssysteme. Den Abenteuer-Park gibt es damals noch nicht. Sieghard Schiller, der sich zum Techniker weiter gebildet und bei Bosch Erfahrungen in der Planung von Elektronikprozessen gesammelt hat, erkennt Verbesserungsmöglichkeiten bei den eingesetzten Werkzeugen und Maschinen. Er erfüllt sich seinen Traum und gründet sein eigenes Unternehmen. Er beginnt im Keller seines Hauses Dreh- und Frästeile herzustellen. „Er ist ein Tüftler, hat unendlich viele Ideen und überlegt bei allem, was er sich anschaut, ob es nicht besser geht", beschreibt Stefan Schiller den unternehmerischen Start des Vaters. Sieghard Schiller entwickelt das Unternehmen zu einem führenden Anbieter von Automatisierungssystemen, 1993 beschäftigt es einhundert Mitarbeiter.

Stefan Johannes Schiller, eines von drei Schiller-Kindern ist fünfzehn Jahre alt, als der Vater das Unternehmen gründet. Er absolviert das Gymnasium ohne große Anstrengung und verbringt viele Nachmittage und

Samstage im elterlichen Unternehmen. Dort dreht, fräst, montiert er und bessert so sein Taschengeld auf. Frühere Überlegungen, einmal Architekt zu werden, begräbt er. Der Berufsweg ist vorgezeichnet.

Stefan Schiller macht sein Abitur und beginnt nach der Zivildienstzeit das Studium der Feinwerktechnik an der Fachhochschule Karlsruhe. Er legt sich ins Zeug, hält die Regelstudienzeit ein, macht 1989 sein Ingenieurexamen. Sofort in das Familienunternehmen eintreten will er nicht, sondern zunächst andere Unternehmen kennen lernen. Er beginnt bei der BSG Schalttechnik in Balingen als Betriebsmittelkonstrukteur zu arbeiten. Nach eineinhalb Jahren externer Lehrzeit tritt er Anfang Oktober in das Unternehmen der Eltern ein, arbeitet zunächst als Assistent der Geschäftsführung, danach im Vertrieb und später als Leiter des Geschäftsbereiches Montagetechnik. Eine besonders enge Vater-Sohn-Beziehung im Unternehmen gibt es in dieser Zeit nicht. Zwar ist der Vater bei wichtigen Abschlüssen dabei, aber in das operative Geschäft mischt er sich nicht ein.

Die ganze Familie, Vater und Mutter sowie die beiden Söhne und die Tochter arbeiten im Unternehmen. Nur durch die Einführung der Regel: „no business talk at dinner table" wird vermieden, dass Zusammenkünfte im Familienkreis jedes Mal in Firmenbesprechungen enden.

Den Generationenwechsel plant Sieghard Schiller von langer Hand. Er will auf jeden Fall rechtzeitig das Unternehmen an die nachfolgende Generation übergeben und nicht „noch mit dem Krückstock" durch die Fabrik laufen. Am liebsten wäre es dem Vater wohl, seine Frau und er zögen sich zurück und seine drei Kinder führten gemeinsam das Unternehmen weiter. Doch die Tochter hat andere Pläne. Sie will lieber im Ausland Erfahrungen sammeln, geht zunächst nach Italien und lebt und arbeitet heute in den USA.

So läuft die Nachfolge auf die beiden Söhne zu. Eigentlich will Sieghard Schiller erst 2003 die Verantwortung abgeben, aber er möchte gleichzeitig dem Unternehmen eine Art Beirat zur Seite stellen. Diesem Beirat möchte er selbst als Vorsitzender angehören. Aber weil er nicht zugleich Geschäftsführer sein kann, zieht er den Generationswechsel vor. Der

Vater überträgt den Söhnen 2001 die Geschäftsführung. Die Zusammenarbeit mit dem Beirat wird in einer Geschäftsordnung geregelt. Der Beirat tagt viermal im Jahr. Hier werden strategische Optionen, wesentliche Personalfragen und Investitionsvorhaben besprochen. Zum Jahresende 2006 wird der Beirat in seiner bisherigen Zusammensetzung aufgelöst.

Täglich reinregiert hat der Vater nicht, nachdem er das operative Geschäft seinen Söhnen übertragen hat. „Er hat sich aus der Geschäftsführung in vorbildlicher Weise herausgehalten, stand aber immer mit seinem Rat zur Verfügung, wenn wir ihn darum gebeten haben", resümiert Stefan Schiller seine Erfahrungen. Mitte 2006 gibt der Vater auch seine Anteile ab. Das Unternehmen ist nun vollständig auf die nachfolgende Generation übergegangen. Die beiden Söhne ergänzen sich in ihren Qualifikationen. Stefan hat eine technische Ausbildung, sein Bruder eine kaufmännische. Die Bewährungsprobe kommt schneller als gedacht. Das Jahr 2002 wird für das Unternehmen und die jungen Geschäftsführer ein schwieriges Jahr, die Konjunktur lahmt, der Umsatz bricht um 30 Prozent ein, Die Banken werden restriktiver in der Kreditvergabe, die Zahl der Mitarbeiter muss reduziert werden. Der Markteinbruch ist jedoch nicht der alleinige Grund für die Performance-Probleme. Es gibt auch, wie sich bald zeigt, strukturelle Ursachen. Ende 2002 entscheidet sich Joachim Schiller, das Unternehmen zu verlassen und beruflich andere Wege zu gehen. Stefan Schiller führt das Unternehmen allein weiter.

2004 muss er eine neue Herausforderung meistern. Zwar verläuft die Umsatzentwicklung positiv, aber die günstigen Prognosen erfüllen sich dennoch nicht. Das Unternehmen hat plötzlich ein Existenz bedrohendes Ertragsproblem, das Controlling hat nicht funktioniert, einige Aufträge haben mehr gekostet als sie gebracht haben.

Die Belegschaft verzichtet, um die Schwierigkeiten zu meistern, auf einen Teil des Jahreseinkommens. Aber das reicht nicht. Noch einmal müssen Mitarbeiter ausscheiden.

Bei der Übernahme der Verantwortung hat Stefan Schiller die Organisation des Unternehmens mit seinen Geschäftsbereichen unverändert gelassen. Aber die unbefriedigende Ertragsentwicklung lässt ihm keine Ruhe.

Er will das Unternehmen neu aufstellen, definiert mit vier Führungskräften, wie das Unternehmen in der Zukunft aussehen soll. Entgegen der Meinung des Beirates, der gerne an der moderneren Matrixorganisation festhalten würde, kehrt Schiller zu einem klassischen Unternehmensaufbau mit einem Entwicklungs-, einem Produktions-, einem Vertriebs- und einem kaufmännischen Bereich zurück.

Wesentlich für den Erfolg der tief greifenden Umstrukturierung ist die Konsequenz, mit der sie durchgeführt wurde. Außer den vier Bereichsleitern müssen sich alle Führungskräfte auf Leitungspositionen neu bewerben. Der Aufruhr ist enorm, aber es gibt auch neuen Schub. Durch die Neubesetzung des kaufmännischen Leiters wird auch das komplette Controlling auf neue Beine gestellt. Das neue Führungsteam erarbeitet eine Strategie, die sehr konsequent umgesetzt wird und auch schnell greift. Dem Tief folgt ein Hoch. Seit 2005 entwickelt sich das Unternehmen sehr gut, 2006 wird das bisher beste Jahr in der 29-jährigen Unternehmensgeschichte, 2007 lässt sich vielversprechend an. Das Unternehmen ist solide finanziert, die Banken sind zufrieden. Aus den betriebswirtschaftlichen Kennzahlen macht Schiller kein Geheimnis. Sie werden bei Mitarbeiterversammlungen offen kommuniziert. „Diese Offenheit ist wichtig, wenn man will, dass Mitarbeiter betriebswirtschaftlich denken."

Kontinuierlich reduziert Stefan Schiller auch die Anzahl der Berater im Unternehmen. „Wir nehmen Rechtsberatung in Anspruch und arbeiten natürlich auch mit einem Steuerberater, den klassischen Unternehmensberater ziehen wir nur ganz selten und zu sehr speziellen Fragestellungen zu Rate."

Schiller will selbst nicht beurteilen, ob er schnell oder langsam entscheidet. „Ich entscheide so schnell, wie ich mich wohl dabei fühle. Wenn entschieden ist, ist aber auch entschieden." Aber er entscheidet nicht allein, sieht sich nicht als autoritär entscheidenden, dominanten Unternehmer, sondern als Impulsgeber und Teamplayer, der gemeinsam mit seinem Führungsteam die Entscheidungen trifft. „Wir ticken alle gleich, ergänzen uns in unseren Stärken hervorragend. Der beste Stürmer, der beste Torwart und der beste Trainer gewinnt allein auch kein Spiel", beschreibt Schiller seine Führungsmethode. Auf der Homepage des Unternehmens ist über „Menschen bei Schiller" nachzulesen: „Erfolg ist nicht ein Verdienst von Einzelnen, sondern ein Teamergebnis. Jedes Projekt ist eine Pionierarbeit und eine neue Herausforderung." Persönlichen Rat holt sich Stefan Schiller von Vertrauenspersonen, von engen Freunden, die das Unternchmen gut kennen.

Der freundlich mit seinen blauen Augen lächelnde Mann hält es mit der Bärenstrategie „In der Ruhe liegt die Kraft". Schiller sagt von sich: „Eine meiner Stärken ist, dass ich nicht schnell aus der Ruhe zu bringen bin. Wenn es schwierig wird, bin ich der ruhende Pol, der Fels in der Brandung. Ich bin nicht unberechenbar, und zeige nicht, wenn mich etwas im Innersten aufwühlt und beschäftigt. Das könnte Nervosität verbreiten."

Dieser bärige Führungsstil hat schon den Vater ausgezeichnet, als jüngere Ausgabe seines alten Herrn sieht sich Stefan Schiller dennoch nicht. Seinen eigenen Stil sieht Stefan Schiller in der Authentizität, mit der er auftritt, mit den Erfahrungen, die er in seinen schwierigen Startjahren als alleiniger Geschäftsführer gewonnen und verarbeitet hat. „Ich bin deutlicher und direkter als es mein Vater war. Das haben die schwierigen Zeiten einfach mit sich gebracht. Ich betrachte es als Vorteil, in schwierigen Zeiten gestartet zu sein und nicht in guten."

Schiller strickt nicht an einem Helden-Mythos, räumt ein, dass ihm 2004 gelegentlich der Gedanke gekommen ist, aufzugeben. Bei hohen Auftragswerten mit technischen Risiken müsse man auch persönlich permanent risikobereit sein. „Ab und zu denkt man dann schon, warum tue ich mir das an. Warum bin ich immer derjenige, der nicht schläft? Glücklicherweise sind die Chancen aber immer größer als die Risiken." Bereut hat es Stefan Schiller noch nie, Unternehmer geworden zu sein.

Rückblickend würde Stefan Schiller heute einiges anders machen. Speziell dem Thema Personalführung und -entwicklung würde er von Anfang an mehr Bedeutung beimessen.

Insgesamt sind die Anforderungen, meint Schiller, die an einen Unternehmer, der ein Unternehmen mit nahezu 200 Mitarbeitern übernimmt, ganz andere als die eines Gründers. Dies habe vielfältige Ursachen. So stehe beim Gründer in den ersten Jahren die Gründungsidee noch sehr viel stärker im Mittelpunkt, als dies bei einem etablierten Unternehmen der Fall ist. Direkte operative Tätigkeiten spielen beim Nachfolger Stefan Schiller eine untergeordnete Rolle. Seine Kreativität sieht Stefan Schiller im Erkennen neuer Geschäftsfelder, der strategischen Ausrichtung und Fokussierung des Unternehmens sowie in der Koordination seiner Führungsteams. So fertigt die Sieghard Schiller GmbH heute keine Maschinen für die Halbleiterproduktion mehr, aber umso mehr Anlagen für die Photovoltaik. Fast fünfzig Prozent des Umsatzes entfallen auf Photovoltaik-Anlagen. Das Unternehmen profitiert vom Solarboom und der Möglichkeit, sowohl Systeme für die kristalline Photovoltaik als auch für die Dünnschichttechnik anbieten zu können. Traditionell stark ist der Automatisierungsspezialist als Lieferant von Produktionssystemen für die Herstellung und Handhabung vom Mikroelektronik-Baugruppen und automotive Anwendungen, von Sensoren bis Steuerungsgeräten.

Einen Wahlspruch, dem er bei seiner Arbeit folgt, hat Schiller nicht. Sein Ehrgeiz richtet sich darauf, die Sieghard Schiller GmbH zur Nummer Eins für seine Kunden zu machen. „Wenn man Nr. Vier oder Nr. Fünf auf der Liste ist, fällt man schnell aus der Lieferantenliste heraus. Wir wollen deutlich besser sein als unsere Konkurrenten im Markt." Ihn treibe der Erhalt, das Wachstum des Unternehmens und die daran hängenden Arbeitsplätze. „Ich fühle mich dem Standort und seinen Menschen verpflichtet", sagt Schiller. Er genießt auch die Freiheit des Unternehmers. „Wenn das Unternehmen gut läuft, ist die Entscheidungsfreiheit groß. Wenn die Abhängigkeit von Kunden, Lieferanten oder auch Banken zu groß wird, ist es nur eine Pseudo-Entscheidungsfreiheit." Seine Zeit weiß er einzuteilen. Familie und Freizeit kommen nicht zu kurz. Die Kondition holt er sich beim Radfahren. „Das ist ein guter Sport für Unternehmer. Man muss ein Ziel vor Augen haben und Ausdauer beweisen und manchmal auch Windschatten geben."

Schiller-Fertigungsanlagen laufen in etlichen Unternehmen seit 20 und mehr Jahren störungsfrei im Drei-Schicht-Betrieb. Wenn Stefan Schiller dann bei Betriebsbesuchen freudig mit „Hallo, Mister Automation" begrüßt wird, ist manche schlaflose Nacht vergessen. Ob seine beiden heranwachsenden Töchter einmal das Unternehmen weiterführen werden, weiß Schiller nicht. Sie sollen sich so entwickeln, wie es ihren Talenten und Neigungen entspricht.

Unternehmer nach Höfetradition

Dr. Benno Wersborg –
ein Bauernsohn wird High-Tech-Unternehmer

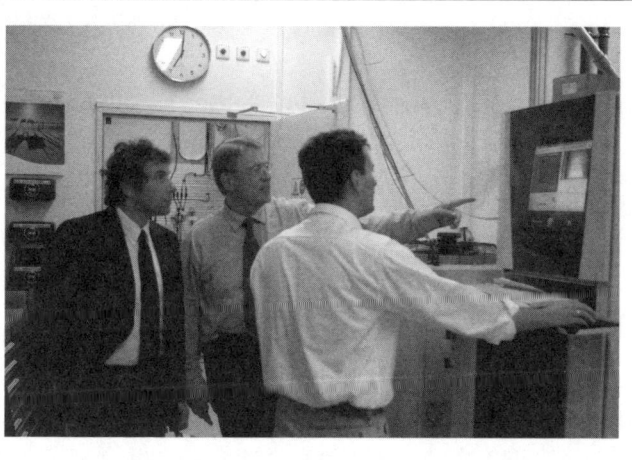

„ Unternehmer tun sich nicht selbst leid. Sie packen an. "

Benno Wersborg (Mitte)

Die Precitec-Gruppe

Precitec gilt weltweit als Spezialist für komplexe Systemlösungen auf dem Gebiet der Lasermaterialbearbeitung. Schneidköpfe mit berührungsloser langzeitstabiler Prozesssensorik unterstützen die Erzielung optimaler Schnittqualitäten. Zusätzlich integrierte Sensoren erhöhen den Automatisierungsgrad und minimieren die Bearbeitungszeit. Elektroniken für die Verarbeitung der Sensorsignale zur Achsregelung sowie Prozesssteuerung runden das Programm ab.

Für den Bereich der Laserschweißtechnik verfügt Precitec über ein umfassendes Angebot von Bearbeitungsköpfen mit integrierten Sensorsystemen zur berührungslosen Nahtverfolgung und Online-Prozesskontrolle. Weiterhin stellt Precitec Qualitätsüberwachungssysteme für die industrielle Klebetechnik her.

Eigene Niederlassungen wurden 1996 in den USA, 1998 in Japan, 1999 in Frankreich und 2005 in China gegründet. Seit April 2007 ist Precitec auch in Korea mit einer Tochterfirma vertreten. Zum Firmenverbund gehört die Firma Precitec Optronik GmbH, die Produkte zur kamerabasierten Prozesskontrolle und zur optischen Abstandsmessung herstellt.

Die Precitec-Gruppe zählt weltweit knapp 200 Mitarbeiter.

Precitec KG	Precitec Optronik GmbH
Draisstr. 1	Raiffeisenstr. 5
76571 Gaggenau	63110 Rodgau
Tel.: 07225 6840	Tel.: 06106 82900
Internet: www.precitec.com	Internet: www.precitec.com

Idyllisch, unter hohen Eichen, liegt der alte Wersborg-Hof. Hier im Kreis Tecklenburg am Wersborgweg zwischen Wiehengebirge und Teutoburger Wald wächst Benno Stork – genannt Wersborg – auf. Wersborg heißt er nach dem Hofnamen. Der Vater ist Landwirt, ein Agrar-Unternehmer. Benno Wersborg und sein Bruder wachsen als Jugendliche auf dem Hof in Führungsrollen hinein, stehen an der Spitze der Arbeitsgruppen, bekommen die härtesten Aufgaben, damit schwierige Engpässe gemeistert werden. „Mein Bruder und ich haben diese Positionen ganz selbstverständlich akzeptiert. Auf einem Hof geht es gar nicht anders. Man lebt mit der Verantwortung, in die man hinein geboren ist und kann sich der Vorbildfunktion nicht entziehen", erinnert sich Wersborg.

Führungseigenschaften zeigt Benno auch in seiner Freizeit, er leitet die Pfarrjugend, veranstaltet Jugendabende, Tanzkurse und Feste.

Wersborg ist der Nachgeborene der zwei Söhne und erbt nicht den väterlichen Hof. So regelt es die Höfeordnung für Nordrhein-Westfalen und einige andere Bundesländer. Er muss sich neu orientieren.

Als kleiner Junge interessiert Wersborg die Schule nicht sehr, auf dem Hof ist es spannender. Als älterer Schüler packt ihn der Ehrgeiz. Er hört, wie der Vater meint, nicht mehr auf zu lernen. Nach einem glänzenden Abitur studiert er Maschinenbau an der TU Hannover, schließt das schwere Studium bereits nach dem neunten Semester mit einer Eins ab. Er bekommt ein Stipendium der Fulbright-Stiftung für die School of Advanced International Studies an der italienischen Niederlassung der amerikanischen Universität Johns Hopkins und studiert in Bologna Politik und Volkswirtschaft. Sein exzellentes Zeugnis verhilft ihm zu neuen Stipendien aus den USA.

Wersborg wird am Massachusetts Institute of Technology (MIT), einer führenden Universität auf dem Gebiet technologischer Forschung und Lehre angenommen, arbeitet als Forschungs-Assistent und bekommt eine Green Card mit optimalen Arbeits- und Aufenthaltsrechten. Der Vater freut sich aber kaum über den Erfolg des Sohnes. Er hätte ihn lieber in der Nähe, tut sich schwer damit, dass Wersborg Deutschland verlassen hat und per Schiff nach Amerika gegangen ist.

Die Aufgabe, die er am MIT gestellt bekommt, bezeichnet Wersborg als nicht zielführend und schlägt dem Professor vor, das Problem mit der Hilfe von Molekularstrahlen zu lösen. Der Professor ist sehr kooperativ, macht sich in der Literatur schlau und gibt nach acht Tagen dem deutschen Assistenten sein o.k., es zu versuchen. Die Innovationen lassen Wersborg am MIT durchstarten. Er besteht die Qualifying Examination, die am MIT der Promotion vorgeschaltet wird, die härteste Prüfung, die er je in seinem Leben hatte, erinnert sich Wersborg. Seinen starken Leistungswillen formuliert er zurückhaltend: „Man tut das, was man tun muss, um durchzukommen. Wer will schon nach Hause fahren und sagen müssen, ich habe es nicht gebracht? Unternehmer tun sich nicht selbst leid. Sie packen an."

Durch die Frau seines Doktorvaters lernt Wersborg seine spätere Frau Ursula kennen, eine Deutsche, die in den USA als Austauschlehrerin unterrichtet.

Nach der Promotion zum Dr.-Ing. (Sc.D.) über „Rußbildung in Flammen", arbeitet Wersborg als Direktor des Brennstoff-Forschungslabors des MIT. Es gelingt ihm, mit Hilfe des Molekularstrahls die winzigen Rußteilchen aus den Flammen zu holen. Der von ihm entworfene Apparat schreibt akademische Geschichte, wird von der Forschungsgemeinschaft nachgebaut und weiterentwickelt. Wersborg ist sich sicher, er hätte in den USA seinen Weg gemacht.

Aber es kommt anders: Der Schwiegervater hat ein kleines Ingenieurbüro in der Nähe von Frankfurt. Er bietet dem aufstrebenden Schwiegersohn Wersborg 1974 an, Geschäftsführer der ATS Asphalttechnik GmbH in Eschborn zu werden. Die Firma ist eine Neugründung und wird die Handelsvertretung der italienischen Maschinenfabrik Marini. Sie verkauft und baut Asphaltmischanlagen. Ein Studienfreund sagt zu Wersborg, als er von der Geschäftsgründung erfährt, Wersborg habe immer schon Unternehmer werden wollen. Diese Einschätzung erstaunt Wersborg: „Das war mir nicht bewusst. Aber es muss wohl so gewesen sein, dass ich schon während meines Studiums Unternehmer werden wollte. Ich habe mich immer den jeweiligen Aufgaben gestellt und die sich bietenden Chancen genutzt."

Nun kauft Wersborg Maschinen und integriert sie zu Asphaltmischanlagen. Das ist klassischer Anlagenbau. Der Ingenieur erkennt schnell, wie viel Energie die Mischanlagen verschwenden. Er optimiert die Abgastemperatur der Trommeln, bekommt dafür ein Patent und in der Asphaltbranche den Spitznamen „Trommelpapst".

Wie im Anlagenbau geht es auch bei der ATS Asphalttechnik auf und ab. Nach der Ölkrise 1981 brechen die Umsätze ein. Der Schwiegervater und ein Partner, denen die Firma gehört, wollen die ATS Asphalttechnik liquidieren. Wersborg erkennt das Potenzial der Firma und nutzt die Chance zum Management-Buy-Out. Er wird nun selbstständiger Unternehmer, setzt sein Vermögen ein und erwirbt 1984 zunächst 50 Prozent der Anteile, 1986 den Rest. Nach der Wende, in den Jahren 1990 und 1991 entwickelt sich das Geschäft und die Umsätze gehen in die Höhe. Bis 2001 bleibt Wersborg Geschäftsführer der ATS Asphalttechnik mit inzwischen 20 Mitarbeitern, verkauft aber bereits 1998 knapp die Hälfte der Anteile an die französische Mutter des Hauptlieferanten Marini. Die anderen 51 Prozent gibt er sukzessive an seinen langjährigen Partner bei der Asphalttechnik ab. Noch heute hat Wersborg mit der ATS eine Bürogemeinschaft.

Schon in der zweiten Hälfte der achtziger Jahre sucht er jedoch eine neue unternehmerische Herausforderung. Als sich Wersborg 1984 mit der ATS selbstständig macht, weiß er, dass er mit einer Vertriebsgesellschaft begrenzte Expansionsmöglichkeiten hat; der Bau von Mischanlagen ist eine reife Technologie. Da er zudem kein Hersteller, sondern ein Vertreter ist, sind seiner Entwicklungsarbeit in der Asphaltbranche Grenzen gesetzt. Wersborg sucht etwas Neues und will seine Arbeit und Geld in Zukunftstechnologien investieren. „Wenn man nicht probiert, die eigenen Ideen im Markt umzusetzen, weiß man nicht, was in einem steckt", sagt er. Probleme lassen ihn nicht resignieren. Im Gegenteil, sie spornen ihn noch mehr an. Seine Frau berichtet, er habe dann immer gesagt: „Das Disschen schatte ich auch noch."

1991 findet er die passende Gelegenheit und kauft sich bei der Ingenieurfirma Jurca ein. Jurca ist eine sehr kleine, hoch innovative Firma und Wersborg wird deren vierter Mitarbeiter. Jurca bewegt sich auf dem komplexen Gebiet der Schweißüberwachung. Das ist zwar ein Zukunftsmarkt, aber die Firma macht damit Verluste. Dank der Hilfe von Wersborg kann die Insolvenz jedoch abgewendet werden. Der Turnaround klappt, die Firma wächst und Wersborg wird deren geschäftsführender Gesellschafter. Er bleibt es bis zum Jahr 2000. Das Management-Buy-In hat ihn wie üblich mehr als ursprünglich geplant gekostet, doch der Erfolg gibt ihm Recht.

Sein dritter erfolgreicher Turnaround bietet sich im direkten Umfeld an: Weidmüller, ein führender Komponenten-Hersteller für elektrische Verbindungstechnik, hatte die von Jurca entwickelte Schweißüberwachungstechnik in das Produktportfolio seiner Sensorikabteilung übernommen. Weidmüller will sich jedoch 1993 von der komplexen Technologie tren-

nen und die stark verlustreiche Sensorikabteilung im badischen Gaggenau abwickeln, weil der Konzern keinen Käufer für diese findet. Wersborg kalkuliert das Risiko, spielt Szenarien durch, auch ein Worst-case-
Szenario. Viele glauben nicht daran, dass ein kleiner Unternehmer erfolgreicher sein kann als ein Konzern. Wersborg glaubt dies und greift zu,
obwohl der Kaufpreis eigentlich über seine finanziellen Möglichkeiten
hinausgeht. Er fordert sein unternehmerisches Schicksal zum dritten Mal
heraus.

Wersborg macht den zwanzig neuen Beschäftigten in Gaggenau Mut.
„Ich habe den Mitarbeitern gesagt, ich glaube an sie, ich glaube an ihr
Produkt, zusammen schaffen wir's." Die Mitarbeiter und ihre Firma sind
schnell aus dem Gröbsten heraus. Die Firmen konzentrieren sich auf die
wirklich profitablen Produkte, folgen der Standard-Methode „Den Erfolg
verstärken" und entwickeln sich gut, nicht zuletzt deshalb, weil die High-
Tech-Firmen viel in Forschung und Entwicklung investieren.

Aus den beiden Firmen wird nach und nach die Precitec Gruppe mit
heute der Precitec KG, Gaggenau, und der Precitec Optronik GmbH,
Rodgau, als Stammfirmen. Precitec steht für precision technology. Mit
den beiden Firmen kann Wersborg seine unternehmerische Vision eines
nachhaltig profitablen Wachstums auf der Basis von Technik verwirklichen. Wersborg baut mechatronische Komponenten, die so „intelligent"
sind, dass sie wichtige Herausforderungen in der modernen Produktion
lösen. Aus den anfangs drei Mitarbeitern der Jurca Optoelektronik sind
2007 fast 200 in der Precitec-Gruppe geworden. Neben den Standorten in
Deutschland kommen Niederlassungen im Ausland dazu. So werden die
Precitec-Firmen zum Wachstumspartner für Lösungen mit intelligenten
Sensor-Systemen in der Lasermaterialbearbeitung. Abstandsmessgeräte
im Nanometerbereich und Augenoperationsgeräte mit Lasern vervoll-
ständigen das Produktportfolio.

Die Zukunftsinvestitionen, das internationale Wachstum und das Image,
eine Firmengruppe mit Zukunft zu sein, helfen bei der Rekrutierung und
Weiterentwicklung guter Mitarbeiter. Precitec kann so den Anspruch
einlösen, zu den Technologieführern auf dem Weltmarkt für Laser-
schneidköpfe mit integrierter Abstandssensorik zu gehören. Der Markt

nimmt manchmal die neuen komplexen Produkte nicht sofort an, aber dann lässt sich plötzlich nach einigen Jahren doch ein Produkt gut verkaufen, das eigentlich schon als Flop galt.

„Flops muss sich die Firma leisten, weil sonst die Gefahr besteht, dass auch die Tops ausbleiben", gibt Wersborg zu bedenken.

Wersborg hat die Precitec-Gruppe zu ihrer heutigen Bedeutung geführt und trifft als größter Anteilseigner noch immer selbst die wichtigsten Entscheidungen. „Mit 64 Jahren kann man noch die Richtung vorgeben, aber für das operative Geschäft hat man nicht mehr die besten Nerven." Das operative Geschäft in seinen Firmen führen heute Fremdgeschäftsführer und sein Sohn Thilo, er selbst ist Vorsitzender der Gesellschafterversammlung der Gruppe und Chairman bzw. Representative Director der Tochterfirmen in den USA und Japan. Diese Tochterfirmen hat Precitec nicht nur als Vertriebs- und After-Sales-Service-Organisationen gegründet. Sie produzieren auch lokale Teile für die Precitec-Produkte und stellen somit weltweit das notwendige Know-how lokal zur Verfügung. Wersborg: „Die Amerikaner wollen überzeugt werden: We are here to stay. Wenn man ein eigenes Fabrikgebäude hat, kann man sie davon leichter überzeugen."

Wersborg sieht sich selbst als Familienunternehmer. Stolz ist er weniger auf sein Lebenswerk, auf den Aufbau der Unternehmensgruppe, stolz ist er vor allem auf seine Familie, auf seine Kinder. Sie haben eine große Leistungsbereitschaft gezeigt, sich selbst gebildet, sind ins Ausland gegangen und haben ihre Ausbildung mit exzellenten Noten abgeschlossen. Für die Ausbildung der Kinder haben seine Frau und er die Voraussetzungen geschaffen. Sie haben ihr Geld nicht verbraucht, sondern für die eigenen Kinder und die Mitarbeiter wieder investiert. Dies entspricht für Wersborg der westfälischen Höfetradition.

Überrascht hat ihn, welche wichtige Rolle er selbst für seine Kinder gespielt hat. „Er war und ist ein wertvoller Ratgeber, ein inspirierendes Vorbild und ein liebender Vater zugleich", sagt nicht nur sein Sohn. „Durch seine schnellen strategischen Schlussfolgerungen erstaunt er oft die Gesprächspartner", ergänzt die Tochter. Als seine Kinder alt genug wurden, führte Wersborg einen Gesellschafterrat ein, damit diese seine Firma besser kennen lernen. Nun sitzen die Kinder mit ihm bei den wichtigsten Entscheidungen am Tisch. Sie erkennen, dass man als Unternehmer seine eigenen Fähigkeiten voll entfalten kann und etwas zu sagen hat. „Der Unternehmer ist sein eigener Herr. Er kann gestalten und hat Einfluss. Das ist sehr befriedigend. Im Gegenzug trägt er die Verantwortung und das Risiko."

Dieser Meinung ist auch die Tochter Dr. Maja Hartung, die nach einem hervorragenden Examen und der Promotion an der European Business School in der Revision der Lufthansa arbeitet. Dr. Thilo Wersborg, der ältere der beiden Söhne, hat sich seine Sporen zunächst bei McKinsey verdient, bevor er zu Precitec gekommen ist. Diese Drittbewährung vor der operativen Tätigkeit in der eigenen Firma hält Wersborg für wichtig. „Die Kinder müssen sich zunächst in anderen Firmen den Respekt verschaffen, den man als Unternehmer braucht, um für seine Mitarbeiter Vorbild sein zu können." Doktorand Ingo Wersborg, der zweite Sohn, hat Elektrotechnik an der TU-München und wie sein Vater am MIT studiert.

Unternehmer müssen nach Wersborgs Meinung sowohl dominant als auch zur Teamarbeit fähig sein. Wenn er die Lösung für ein Problem kenne, drücke er aufs Tempo. „Teamarbeit erfordert mehr Zeit, als man manchmal hat. Es ist besser, schnell zu entscheiden, als zu lange zu diskutieren." Einige Mitarbeiter hätten Angst davor, dass er zu schnell entscheide. „Schnelle Entscheidungen sind für mich ein wesentliches Merkmal der Unternehmer. Wenn man nicht entscheidet, ist man kein Unternehmer sondern ein Unterlasser."

Manager entscheiden, zitiert Wersborg einen Geschäftsführer, und verteidigen dann ihre Entscheidung. Das sei der wirkungsvollere Weg. Dominanz will er dieses Verhalten nicht nennen, sondern ein Vorpreschen, um zum Zuge zu kommen. Teamarbeit setze ein gutes Team voraus, das in vielen Bereichen besser als man selbst sei. Er habe seinen Mitarbeitern eigene Entscheidungsmacht gegeben, schon allein deshalb, weil einem sonst die Zeit davonlaufe. Die Umsetzungsstärke eines Unternehmers hänge davon ab, ob es ihm gelingt, seine Mitarbeiter zu überzeugen. Deshalb braucht der Unternehmer soziale Kompetenzen.

Eines dürfe der Unternehmer nicht, den sich stellenden Aufgaben ausweichen oder wegschauen: „Ein Unternehmer muss die Aufgabe annehmen. Auf Englisch sagt man: He does what it takes. Darauf kommt es an." Seine eigene Einstellung beschreibt Wersborg mit einem abgewandelten Sprichwort: „Wenn nicht ich, wer dann? Wenn nicht gleich, wann sonst?"

Mit seiner Frau Ursula, einer Psychologin, ist sich Wersborg einig: Unternehmereigenschaften sind sowohl angeboren als auch erworben. Zur Leistungsbereitschaft sagt Wersborg: „Ein Unternehmer muss das tun, was die Aufgabe erfordert. Das kann auch ein Achtzehn-Stunden-Tag sein." Die Risikoneigung werde ihm allgemein bescheinigt. „Man darf keine Angst vor dem Risiko haben. Man muss es kalkulieren. Manchmal steht unter der Kalkulation allerdings nicht: Das Projekt geht auf. Den letzten Meter muss man springen. Wir sind beim Bau neuer Produkte immer Risiken eingegangen – allerdings mit Rückversicherungen. Wer diese Rückversicherungen nicht macht, ist ein Hasardeur."

Auf die eigenen Kräfte hat Wersborg immer vertraut und beharrlich ist er auch. Sein geflügeltes Wort, „Das Bisschen schaffe ich auch noch" zeigt dies. Emotionale Stabilität nimmt Wersborg nicht für sich in Anspruch „Wenn man ein schwerwiegendes Problem hat, verfolgt einen dies in den Schlaf. Da kann man Albträume haben." Es könne sehr angenehm sein, meint Wersborg, nicht zu dirigieren, sondern ganz entspannt nach Anweisungen zu arbeiten. „Aber diesen Genuss kann sich der Unternehmer nicht leisten." Wersborg hat es dennoch nie bereut, Unternehmer geworden zu sein. Er hat mehrere Firmen auf den Wachstumspfad gelenkt und seinen Unternehmergeist an seine Kinder weitergegeben.

Der Power-Bauer

Der Energiewirt Hubert Loick wird mit Bioenergie zum Pionier einer grünen Kreislaufwirtschaft

„Ich kann nicht aufgeben."

Hubert Loick

Die Loick-Gruppe

Seit 1994 ist die Firmengruppe Loick im Bereich der Entwicklung und Herstellung neuartiger Produkte aus nachwachsenden Rohstoffen als Ersatz für die herkömmlichen Erzeugnisse aus Kunststoffen tätig. Sie stellt Verpackungsmaterial, Formteile, Folien, Spritzgussartikel, Catering-Zubehör und Spielzeug aus nachwachsenden Rohstoffen (Maisgrieß) her und plant, baut und betreibt Biogasanlagen.

Die Wurzeln der Loick AG liegen in dem Bestreben Hubert Loicks, neue Verwertungswege für landwirtschaftliche Produkte zu finden unter Berücksichtigung ökologischer Produktions- und Entsorgungsmethoden.

Die Loick-Gruppe beschäftigt 2007 65 Mitarbeiter

Loick Biowertstoffe
Heide 26
46286 Dorsten-Lembeck
Tel.: 02369 98980
E-Mail: info@loick-biowertstoffe.de
Internet: www.loick-biowertstoffe.de

Deutschland bezaubert durch viele schöne Landschaften. Einige findet man dort, wo sie fast niemand vermutet. Dies gilt für den Naturpark Hohe Mark am nördlichen Rand des Ruhrgebietes. Hier liegt die „Herrlichkeit Lembeck". Bis 1803 übte das „Haus Lembeck" eine Untergerichtsbarkeit aus, eine Unterherrlichkeit des Stiftes Münster. Die alte Herrlichkeit ist dahin, aber das aus dem 17. Jahrhundert stammende von Wiesen und Wäldern umgebene barocke Wasserschloss Lembeck beeindruckt noch heute durch seine Pracht.

Trotz der Hitze und Trockenheit im April steht der Mais im regnerischen Sommer 2007 gut auf den Feldern rund um Dorsten-Lembeck. Er färbt die Landschaft dunkelgrün. Auf einigen Äckern sind die Maispflanzen höher, kräftiger und fülliger. Hier wächst kein Futtermais, sondern Energiemais. Er liefert die Biomasse für Biogasanlagen. Eine solche Anlage mit zwei grünen Rundtürmen und einer Leistung von 500 Kilowatt steht auf dem Loick-Hof. Hubert Loick hat sie vor sechs Jahren gebaut.

Seit 450 Jahren bewirtschaften die Loicks die Wiesen und Äcker am Ortsrand von Lembeck. Drei von Bäumen umrahmte Teichanlagen gehören zum Loick-Hof, Wildenten und Fischreiher sind hier zu Hause. Auf den saftig grünen Wiesen des Loick-Hofes grasen schottische Hochlandrinder, braune Ammen-Kühe mit Kälbern, aber auch finster blickende Bullen. Mit ihrem zotteligen Fell, den zum Himmel geschwungenen spitzen Hörnern und den fast in die Augen fallenden Stirnhaaren schauen die robusten Highlander urig aus. Es ist eine alte, wilde und genügsame Rasse. Die Tiere fressen nur Gras und Heu, bleiben das ganze Jahr auf der Weide und liefern ein proteinreiches, cholesterinarmes Fleisch. Das schmackhafte Fleisch muss direkt vermarktet werden, wird aber gut bezahlt.

Die braunen Highlander reagieren wie Wildtiere. 46 Tiere zählt die Herde, 16 Kälber sind darunter. Wenn Hubert Loick mit seinem Hund an ihnen vorbeigeht, gibt es ein lautes Geblök. Die Kälber laufen in der Mitte der Weide zusammen und die großen Kühe stellen sich schnell schützend ringsum auf. Das Schauspiel wiederholt sich immer wieder, obwohl die Herde Loick längst gut kennt. Im Frühjahr und im Herbst werden die Tiere entwurmt – eine Heidenarbeit und gefährlich dazu. Loick hat Fangstationen gebaut, um Verletzungen zu vermeiden.

Angefangen hat er mit der Hochlandrinderzucht, weil er sich seit Kindertagen ein Bild vom seinem Hof gemacht hat. Er ist als kleiner „Baummensch" aufgewachsen, hat schon als Stöpsel Bäume gepflanzt, ihr Wachsen beobachtet, immer im Wald gespielt und die vor dem Hof liegenden Bruchweiden über alles geliebt. Sie sollten nie unter den Pflug kommen, aber auch nicht brachliegen. Mit seiner Frau Dritta, einer Lehrerin, überlegt er, was auf die Weiden soll. Sie entscheiden sich für die Highlander, fangen mit fünf Kühen an. Dabei denken sie auch an die siebenjährige Mare, ihre Tochter, und Niklas, ihren fünfjährigen Sohn. Finn, der jüngste Sohn, ist damals noch nicht auf der Welt.

Der Vater erklärt Niklas, wie man als Rinderzüchter wirtschaften muss. „Hier sind zwei Töpfe", beginnt der landwirtschaftliche Grundkurs. „In dem einen steckt dein Kapital. Das ist die Herde. In dem anderen ist Geld. Damit musst du Heu kaufen und dahinein steckst du auch das Geld, wenn wir ein Rind verkaufen." Als die Familie aus dem Urlaub zurück ist, rennt Niklas zu den Rindern. Er kommt mit der Nachricht zurück: „Papa, wir müssen jetzt langsam eine Kuh verkaufen. Das Heu wird knapp." Loick freut sich, dass der Fünfjährige die Lektion schnell gelernt hat. Er erkennt sich in seinem Filius wieder.

Als er selbst klein war, hatte er die Aufgabe, die Kälber zu tränken, eine verantwortungsvolle Aufgabe für einen Sechsjährigen. Sein Vater hat ihm diese Aufgabe übertragen, weil er sich für diese Aufgaben von den Loickkindern am meisten interessierte. Reiten lernt Hubert früh- und zwar wie die anderen Loickkinder – auf dem Bernhardiner und auf Frieda, einer alten Kuh, die im Loickstall auf Platz eins steht. Hubert wächst mit zwei Zwillingsschwestern und seinem älteren Bruder auf dem Hof auf. Alle Loickkinder werden früh für kleine Aufgaben eingespannt, die Schwestern vor allem in der Hauswirtschaft, aber auch zusammen mit den Brüdern zum Kartoffeln sortieren oder zum Runkeln hacken. Loick erinnert sich, dass die ganze Familie zum Runkeln hacken auf das Feld gezogen ist und die Mutter gesungen hat. Das gemeinsame Arbeiten in der Familie hat ihm Spaß gemacht, aber am schönsten sei für ihn immer die Brotzeit gewesen, die Essenspause. Beim herbstlichen Kartoffel-/Runkelroden waren die Finger von der Kälte fast steif, dann freuten sich alle auf ein warmes Getränk. „Es war schön, aber abends sind wir todmüde ins Bett gefallen."

Mit fünf Jahren darf Hubert zum ersten Mal Traktor fahren. Das geht auch gut. Mit sieben hat er weniger Glück. Er sitzt am Steuer eines alten Mercedes, sein Bruder daneben. Die beiden Burschen wollen Kaffee auf das Feld bringen. Plötzlich kommt ihnen ein Mähdrescher entgegen. Hubert tritt auf die Bremse und verzieht das Lenkrad. Der Wagen landet vor einem Baum, ein Kotflügel ist kaputt. Er weint bitterlich und versteckt sich in dem Obsthof. Der Vater kommt, nimmt ihn in den Arm und fragt nur: „Ist dir was passiert?" Loick bekommt heute noch glänzende Augen, wenn er diese Geschichte erzählt. Sie hat ihn geprägt. Ganz ohne Schimpfe geht es aber nicht ab. Sie kommt von der Mutter und dem Großvater, der das Auto verkaufen wollte.

Loick ist sicher, dass viele Weichen bereits in der Kindheit gestellt werden. So werde die Kreativität der Kinder nicht gefördert, wenn man ihnen Plastikspielzeug ohne Bastelmöglichkeiten schenke. „Das Elternhaus prägt. Wir mussten auf dem Bauernhof mitarbeiten. Geld war nicht im Überfluss vorhanden." Wenn man Unternehmer werden wolle, könne man sich vieles aneignen. „Aber es muss auch etwas in einem stecken, und zwar: Du willst! Wir Loickkinder sind geprägt worden zu arbeiten, zu schaffen. Wir haben auch eine Kindheit gehabt, aber eine ganz andere als meine Freunde draußen."

Loicks Vater kommt spät aus dem Krieg zurück. Er bekommt den Hof erst im fortgeschrittenen Alter, hat kaum noch Gestaltungsspielräume und ist häufig resigniert. Wenn Hubert etwas Neues anpackt, schimpft er zunächst, weil nun die Arbeit noch mehr wird und ist doch zugleich stolz auf den Sohn. Der Großvater mütterlicherseits kommt auch vom Bauernhof, baut und betreibt nebenbei drei Lebensmittelgeschäfte. Die Verwandten sagen über Hubert Loick, er sei so wie dieser Opa. Auch Loick selbst meint dies.

Von den Loickkindern lernt und büffelt Huberts Bruder am eifrigsten. Er geht wie auch später die Schwestern auf das Gymnasium, macht das Abitur mit 1,0 und wird ein sehr erfolgreicher Mediziner. Hubert tut nur das Nötigste. Er ist in der Schule ein Spätzünder. Um zu verhindern, dass die unter Schülerschwund leidende Hauptschule dicht gemacht wird, folgt Vater Loick der Empfehlung eines Lehrers und meldet Hubert auf der Hauptschule an. Der Schultest, den Hubert wie alle Kinder macht, empfiehlt ihn jedoch eindeutig für das Gymnasium. Aber er muss auf die Hauptschule, das demotiviert ihn zunächst, aber nicht auf Dauer. Er kommt auf dem zweiten Bildungsweg voran. Nach der Hauptschule besucht er die Kollegschule, macht die Ausbildung zum Landwirt und an der höheren Landbauschule das Fachabitur mit Fachhochschulreife.

Er will auch noch studieren, und zwar Politik und Wirtschaft. Wie der Vater hat er ein brennendes Interesse an der Politik. Mit 14 Jahren ist er bereits in der Landjugend aktiv, arbeitet bald in der Jungen Union mit. An der Fernuni Hagen will er ein Fernstudium aufnehmen. Das „Nebenbei-Studieren" ist aber bei der Arbeitslast des Hofes nicht zu schaffen.

Ein Jungunternehmer ist er schon, bevor er die Schulbank drückt. Er optimiert früh Aufwand und Ertrag, gilt als der kleine Kaufmann in der Familie. Eines Tages sieht er in den Lebensmittelgeschäften der Tante und des Onkels, wie für Kleintiere Sägespäne abgefüllt werden. Die Loicks haben zu Hause eine alte Pommespresse. Hubert kommt auf die

Idee, mit dem Pommesgerät Heu zu kleinen Ballen zu pressen und diese in Geschäften des Onkels als Kleintierfutter anzubieten. Er kauft dem Vater einen großen Ballen Heu ab, macht daraus viele kleine und bringt sie seinem Onkel Hubert. Der verkauft sie in seinem Laden. Hubert bezahlt bei seinem Vater drei Mark für den großen Ballen und erlöst daraus 30 D-Mark.

Als im Herbst die Zeit des Kartoffelverkaufs kommt, begleiten die Loick-Söhne den Vater in die Stadt. Sie gehen von Tür zu Tür, um ihre Kartoffeln zu verkaufen. Die Leute wollen aber nicht nur die großen Kartoffeln. Sie fragen auch nach kleinen, den Schweinekartöffelchen, wie sie auf dem Loickhof heißen. Das bringt Hubert auf die Idee, die kleinen Kartoffeln in Fünf-Kilo-Säckchen abzufüllen. Bei jeder Kartoffeltour des Vaters in die Stadt packt er hundert von seinen Kartoffelbeutelchen auf den Hänger. Für jedes Beutelchen bekommt er drei D-Mark. „Wir hatten abends dreihundert D-Mark in der Tasche – als zwölf- und dreizehnjährige Jungen." Vater Loick sagt sich, er mache wohl irgendetwas falsch. Er hat zwar abends auch dreihundert D-Mark eingenommen, aber dafür 200 Säcke in die Keller geschleppt. Hubert erinnert sich: „Ich habe früh festgestellt, im Handel liegt der Segen." Auch als Bankier wird er tätig, sammelt sein und das Taschengeld der anderen Loickkinder und leiht dem Vater das Geld gegen einen ordentlichen Zins. Er beteiligt seine Geschwister am Zinsgewinn, macht aber selbst den größten Schnitt. Mit 16 Jahren richtet er seiner Mutter ein eigenes Konto ein. Geld verdient er auch mit dem Sammeln und dem Verkauf von Schrott. Er lässt nichts anbrennen. Die Eltern geben ihm auch sein Lebensmotto mit auf den Weg: „Was du heute kannst besorgen, das verschiebe nicht auf morgen."

Hubert Loick hat schnell seinen Ruf weg, gilt allgemein als umtriebig und ideenreich, als jemand, der eine Sache voranbringt, aber es auch gern anderen überlässt, sie zu Ende zu bringen. Eine Sache abzuschließen langweilt ihn, lieber beginnt er etwas Neues. „Das ist die Prägung". Der Vater lässt ihm viel Freiraum. Er wird früh selbstständig. Loick ist noch keine 18 Jahre alt, da führt er die Umfinanzierungsverhandlungen mit der Bank. Mit 24 Jahren rechnet er dem Vater vor, was er mit dem Verkauf einiger Flächen, dem gleichzeitigen Kauf anderer Flächen und dem späteren Rückkauf der verkauften Flächen über die Jahre verdienen könnte. Die Rechnung geht, wie sich nach 14 Jahren zeigt, mit einem ordentlichen Gewinn auf.

1987, Loick ist 25 Jahre alt, überschreibt ihm der Vater den Hof. Der Generationswechsel verläuft harmonisch. Wenn Vater und Sohn streiten, dann über die Politik, für die sie sich beide interessieren, aber nicht über die Landwirtschaft. Loick zahlt dem Vater eine Pacht. Das Auf und Ab in der Landwirtschaft beschert ihm harte Jahre. Er baut seine ersten Schweineställe, steht jeden Montag um 3:30 Uhr auf und fährt die Tiere zum Schlachthof, weil er nicht bereit ist, sechs D-Mark für den Viehtransport zu bezahlen: „Ich habe jede Mark zweimal umgedreht, um aus diesen verflixten Verbindlichkeiten herauszukommen." Weil die Ideen aus ihm herausschießen wie aus einem Geysir, häufen sich bald neue Verbindlichkeiten. „Ein Plan geht nie so auf, wie man ihn aufgestellt hat. Meistens kommt es schlechter, man muss bei seinen Berechnungen einen Abschlag von 20 bis 50 Prozent machen. Ohne ein Worst-Case-Szenario geht es nicht."

Der Weg zum Loick-Hof führt an Gräben voller Seerosen vorbei. Britta Loick hat das Hof-Ambiente gestaltet. Eine Holzbrücke spannt sich über einen der Gräben. Zum Wohn- und Bürohaus führt ein mit Baumscheiben ausgelegter Pfad. Die Luft auf dem Loick-Hof ist leicht parfümiert. Das Landparfüm, ein zarter Schweinegüllegeruch, stammt an diesem Augusttag nicht aus dem Stall des Nachbarhofes, sondern von den 2.500 Babyferkeln aus Loicks eigenem Stall. Loick hat mit zwei anderen Bauern eine Gesellschaft zur Schweineaufzucht gegründet. Einer produziert die Ferkel, der andere füttert und mästet sie, er selbst stellt den Stall. Die Gülle der Baby-Ferkel kann er gut für seine Biogasanlage gebrauchen. Die liefert wiederum die Wärme von 30 Grad Celsius, die die Babyferkel benötigen und den Strom für die Klimatisierung. Ein Beispiel für die grüne Kreislaufwirtschaft, für Loicks unternehmerische Grundidee.

Zum Loick-Hof gehören 50 Hektar eigenes Land, mit den bewirtschafteten Pachtflächen 400 Hektar. Für den Flächenbedarf der Loick-Gruppe genügt das längst nicht mehr. Sie braucht für alle ihre Biogasanlagen

13.000 Hektar. Die Pachtflächen liegen in den neuen Bundesländern und in Osteuropa, die Biomasseproduktion wird zumeist über Bewirtschaftsverträge gesichert, die Loick mit Landwirten abschließt.

Loick wohnt und arbeitet in dem aus dem 19. Jahrhundert stammenden elterlichen Bauernhaus. Er hat es entkernt und innen komplett neu ausgebaut. Alle Holzarbeiten hat die eigene Schreinerei gemacht. Wo heute die Büros sind, hat er vor sechs Jahren noch 30 Kühe gemolken. Damals hat er die Milchwirtschaft drangegeben, weil sie sich nicht rentierte und hat die Milchquote verpachtet. Loick kann spitz rechnen. Deshalb hat er seine Büroräume von seiner eigenen Immobiliengesellschaft gepachtet. So ist er selbst dafür verantwortlich, dass die Pacht kommt.

Der im Juli 2007 45 Jahre alt gewordene Hubert Loick ist ein Rund-um-die-Uhr-Unternehmer. Aber den Stress, dem er sich selbst aussetzt, sieht man ihm nicht an. Er scheint im Überfluss über körpereigene Bioenergie mit großer Strahlkraft zu verfügen, ein Power-Bauer und Ideenfeuerwerker, der seine Zuhörer mitreißt. Er hat ein natürliches Charisma. Er spricht schnell, so als ließe sich auch mit jeder Sekunde, die er einspart, noch Geld verdienen. In seinem Lebenslauf führt er mehrere Hobbys auf: Reiten, Jagen, Schwimmen, chinesisch Kochen und Essen. Aber das sind Hobbys, die auf dem Papier stehen. Seiner Frau zuliebe spielt er eine Zeit lang Tennis, dann entdeckt er das Golf spielen, macht in nur drei Tagen seine Platzreife. Aber sein eigentliches Hobby ist die Landwirtschaft geworden, mit der er zunächst sein Geld verdient hat. Hat er einmal frei, setzt er sich auf seinen Traktor, nimmt seine Tochter Mare mit und fährt durch die Felder oder zu den Teichen. Die besten Ideen sind ihm früher immer beim Pflügen gekommen. Heute kommen sie ihm, wenn er sich dem ständigen Termindruck entzieht, abschaltet, in den Wald geht und Bäume kleinsägt.

Seine Startidee als Unternehmer hat ihren Ursprung in seinem politischen Interesse. Seit 1978 ist Loick Mitglied der CDU, seit 1994 Mitglied des CDU-Landesagrarausschusses NRW. Die Mitarbeit in diesem Ausschuss macht ihm einen Riesenspaß. Jochen Borchert ist damals in Helmut Kohls Kabinett Landwirtschaftsminister. Der Ausschuss diskutiert 1994 über die landwirtschaftliche Überproduktion und über nachwachsende

Rohstoffe. Zu einem Biohof will Loick den Hof nicht umbauen, das entspräche nicht seiner Überzeugung, aber für die Umwelt will er etwas tun. Auf einer Party gibt es Erdnussflips. Loick schaut sich die Verpackung an und entdeckt, dass die Flips auf der Basis von Maisgrieß hergestellt wurden. Er telefoniert mit dem Hersteller und bietet ihm an, Mais zu liefern. Aber der schmunzelt nur, weil die Mengen, die Loick offeriert, ohnehin zu gering sind und für die Flips nur französischer Mais verwendet wird. Loick ist zunächst enttäuscht. In einer Schale auf dem Schreibtisch in seinem Landwirtschaftsbüro liegen die Flips. Sie werden immer feuchter und elastisch. Loick bekommt Ersatzteile geschickt. Sie sind in Styropor-Verpackungschips gebettet. Sein Blick geht immer zwischen den Verpackungschips und den Flips hin und her. Er will wissen, wie die hergestellt werden und was es am Markt an Verpackungen aus Maisprodukten gibt. Angeboten wird nur klebriges Popcorn als Verpackungsmaterial. Loick verbeißt sich in die Idee, aus Mais Verpackungsmaterial zu machen, hat aber keine Ahnung, wie das technisch realisiert werden kann, kommt auf den Gedanken einen Extruder einzusetzen. Loick ruft reihenweise deutsche Firmen an, um mit ihnen Mais-Verpackungschips zu produzieren. Aber alle winken ab. An der Fachhochschule Südwestfalen in Soest lernt er den Ingenieur und Maschinenbau-Professor Erich Schürmann kennen. Loick gewinnt ihn für die Herstellung von Verpackungschips. Noch im selben Jahr 1994 gründet Loick die Hubert-Loick-Verarbeitungsgesellschaft für nachwachsende Rohstoffe (VNR GmbH). In England finden Schürmann und Loick einen Extruderhersteller. Mit ihm starten sie eine Testproduktion. Die ersten drei Kubikmeter Maischips zerbröseln fast, sind unelastisch. Schürmann und Loick fahren zurück nach Deutschland, arbeiten an einem neuen Rezept, nutzen eine zur Chipsproduktion aus Mais geschriebene Diplomarbeit und fahren wieder nach Großbritannien.

Nach drei Wochen sehen sie Land in ihrer Entwicklungsarbeit. Ein Kubikmeter Maisverpackungschips wiegt 35 Kilogramm. Ein Kubikmeter Styroporchips wiegt aber nur 8,5 Kilogramm. Das ist immer noch ein nennenswerter Gewichtsunterschied. Heute wiegen Loick-Chips nur noch 7,5 Kilo.

Aber auch die ersten, nicht so leichten Maischips sind brauchbar. Die Produktion von 1.000 Kubikmeter Verpackungschips kostet hundertundzehntausend D-Mark. Loick findet für diese Startproduktion einen Abnehmer. Er verhandelt mit der Ruhrkohle Umwelt. Die Gesellschaft kauft der Loick VNR GmbH die ersten 1.000 Kubikmeter zum Preis von Hunderttausend D-Mark ab, will aber das Recht haben, in die Gesellschaft einzusteigen. Mit vier Mann füllen sie in Großbritannien die Chips in Tüten ab, beladen in Handarbeit die ersten Container, schicken Muster hinaus. Der Markt reagiert positiv. Besser als die Popcorn-Chips sind die Loick-Chips allemal. Aber es gibt ein Problem: Im Frühjahr und im Herbst sind Chips elastisch, im Sommer und im Winter fangen sie an zu bröseln. Es fehlt die Luftfeuchtigkeit. Aber auch dafür finden die Maischipsproduzenten eine Lösung.

Für die Chipsproduktion baut Loick auf eigenem Grund eine Halle, vermietet sie an die Loick VNR GmbH. Die maschinelle Innenausstattung und die ersten Betriebsmittel kosten 1,4 Millionen D-Mark. Achtzig Prozent sollen aus einem Fördertopf der Umweltbank finanziert werden, etwas Eigenkapital nimmt Loick bei seinen Geschwistern auf. Die Volksbank Lembeck will ein Risiko von 20 Prozent übernehmen, macht aber die Existenz eines Vermarktungspartners zur Voraussetzung der Kreditgewährung. Diesen hat Loick – die Ruhrkohle-Umwelt hat alle Verträge unterschrieben.

Der Ruhrkohle-Konzern beschließt jedoch, die Ruhrkohle-Umwelt aufzulösen. Loick muss die einhunderttausend D-Mark nicht zurückzahlen, aber hat plötzlich keinen Vertriebspartner und Mitgesellschafter mehr. Er ist bestürzt. „Heute bin ich überglücklich, dass es so gekommen ist." Irritieren lassen sich Schürmann und Loick nicht, sie finden eine Firma, die ihnen gegen Exklusivlieferrechte 36.000 Kubikmeter Maisverpackungschips abkaufen will. Nun sieht der Business-Plan gut aus. Unter dem Strich bleibt ein stattlicher Gewinn. Mit dem Liefervertrag geht Loick zur Bank. Die zeigt sich erfreut. Loick beginnt, das Eigenkapital zu investieren, wartet auf den Kredit. Er wartet und wartet.

Kurz nach der Einweihungsfeier der Produktionshalle stirbt der Vater. Die Volksbank schreibt der DtA – Deutschen Ausgleichsbank, sie sehe es nicht ein, das Zwanzig-Prozentrisiko zu tragen, wo doch auf Hubert Loick ein Millionenerbe warte. Loick erfährt nichts von diesem Schreiben, wartet auf den Kredit. Es gelingt ihm, einen Termin bei der Ausgleichsbank zu bekommen. Er nimmt einen sich sträubenden Vertreter der Volksbank mit zu dem Termin. Der Sachbearbeiter der Ausgleichsbank erklärt ihm, alle Voraussetzungen für die Kreditgewährung seien erfüllt, die Volksbank Lembeck habe jedoch mitgeteilt, sie wolle das Restrisiko von zwanzig Prozent nicht tragen.

Loick kann es nicht glauben. Kein Volksbank-Vertreter hat ihm ein Sterbenswörtchen gesagt. Er überspielt aber seine Erbitterung und sagt trotzig, er brauche das Geld der Volksbank gar nicht. „Ich habe gepokert. Eigentlich wäre ich am Ende gewesen. Ich musste meine Lieferanten bezahlen." Loick schlägt der Ausgleichsbank vor, eine Maximalbürgschaft von zwei Jahresgehältern zu geben, die er sich selbst eingeräumt hat. Das wird zwar für ihn teuer, aber die Finanzierung steht.

Der Händler, mit dem Loick die Exklusivbelieferung vereinbart hat, findet immer wieder Gründe für Reklamationen, nimmt die vereinbarten Mengen nicht ab. Die Bank macht Druck, weil Loick nicht die erwarteten Umsätze vorweisen kann. Loick vermutet, der Händler wolle ihn vor die Wand fahren lassen, um an sein Verfahren heranzukommen. Ein Konkurrenzprodukt kommt auf den Markt.

Voller Frust trennt er sich von seinem Händler, entschließt sich zum Direktverkauf. Loick will beweisen, dass man sein Produkt verkaufen kann. Er gewinnt selbst Kunden. Manufactum ist sein erster. Andere folgen. Es gelingt ihm, sich den Markt aufzubauen. Das Produkt wird immer besser. Er trifft sich mit einem Konkurrenten, übernimmt dessen Produktion. Heute produziert die Loick VNR GmbH in drei Werken unter dem Namen „Farmfill" Mais-Verpackungschips und ist mit über 200.000 Kubikmetern Marktführer.

Als die Umsätze ausbleiben, beauftragt der Aufsichtsrat der Volksbank Lembeck den Bankvorstand, Loick die Kredite zu kündigen. Das geschieht auch. In dem Aufsichtsrat sitzen überwiegend Bauern. Loick vermutet, sie hätten darauf spekuliert, dass er kapitulieren und seine Pachtflächen zurückgeben müsse. „Ich wusste nicht mehr, was ich machen sollte." Aber aufgeben will er nicht. Er sagt von sich: „Ich kann verlieren, aber ich kann nicht aufgeben." Loick kommt der Spruch in den Sinn, den seine Mutter ihm mit auf den Weg gegeben hat: „Wenn du glaubst, es geht nicht mehr, kommt von irgendwo ein Lichtlein her." Das macht ihm wieder Mut. Es gelingt Loick, ein interessantes neues Forschungsprojekt des Landwirtschaftsministeriums hereinzuholen. Damit geht er zur Kreissparkasse. Die Sparkasse hat gerade einen Innovationsfördertopf für junge Unternehmen eingerichtet. Loick hat für die gute Ökobilanz seiner Produkte Auszeichnungen bekommen. Er erhält die Förderung und von der Sparkasse Kredit. Nun kündigt er bei der Volksbank von sich aus alle Kredite. Er betritt die Räume der Volksbank nie wieder.

Als er bis zum Hals in Schwierigkeiten steckt, entschließt er sich, seinen Partner Schürmann herauszukaufen, ihm seine Einlage zurückzugeben und ein Aufgeld zu zahlen.

Loick hat mittlerweile Kontakt zu Artur Fischer, dem Erfinderunternehmer, bekommen. Hubert Loick hat an einem Wettbewerb der Wirtschaftsjunioren teilgenommen und statt eines Passbildes auf seine Bewerbungsunterlagen das Foto eines kleinen Männchens geklebt, das er aus bunten Maisbausteinchen gebastelt hat. Fischer ist von Loicks Produktidee begeistert, möchte bei Loick einsteigen, aber nur, wenn Loick sein alleiniger Partner ist. Loick willigt ein. Zusammen mit Fischer, der das Geld gibt für die Entwicklungen und die Maschinen, bringt er ein erstes Maisspielzeug unter dem Namen Artur-Fischer-Tips heraus. Loick entwickelt mit seiner Mannschaft immer neue Ideen, aber er hat das Gefühl, hintergangen zu werden. Es wird keine glückliche Partnerschaft. Loick stellt die Lieferung des Spielzeugs ein. Die Partner trennen sich. Loick kann nun mit seinen Ideen allein unternehmerisch tätig werden. 2001 tritt er mit seinem Produkt auf der Spielwarenmesse auf. Es ist Playmais. Das

Produkt gibt es bald europaweit, in Asien, in China, in den USA und in Dubai. Fischer, der Loick zunächst keine Chance einräumt, ruft ihn später an, spricht ihm seine Anerkennung aus. „Sie sind ein Schlitzohr, Loick." Artur Fischers Motto: „Geht nicht, gibt's nicht. So geht's nicht, das gibt's", könnte auch Loicks Motto sein. „Wir sind dafür angetreten, Probleme zu lösen", sagt Loick. „Wir sind kreative Typen. Uns können Sie nicht in Euro vermessen. Wir haben Spaß an dem, was wir tun."

Die von Wissenschaftlern für Unternehmer genannten Persönlichkeitsmerkmale entsprechen Loicks Selbstsicht. Es sieht ein großes Plus der mittelständischen Unternehmer darin, dass sie schnell entscheiden können und dies auch tun. Aus dem Bauch entscheidet Loick häufig bei Einstellungen. Er sage ihm, ob er sich bei einer Entscheidung wohl fühle oder nicht. Der Kopf speichere dagegen Erfahrungen. „Je länger man im Geschäft ist, desto weniger entscheidet man aus dem Bauch."

Fragt man ihn nach seinem Wahlspruch, kommt die Antwort: „Wenn ich morgens in den Spiegel schaue, will ich mich erkennen. Ich will mir in die Augen schauen können" Gradlinigkeit ist für ihn ein Schlüsselwort, Anständigkeit könnte man hinzufügen. „ Ich habe nie in meinem Leben einen anderen betrogen oder etwas gestohlen. Die zehn Gebote sind mir wichtig." Obwohl er beharrlich seine Ideen und Ziele verfolgt, kann er doch auch loslassen, wenn sich eine Idee nicht Erfolg versprechend realisieren lässt.

Als einen seiner größten Fehler sieht Hubert Loick seine Beteiligung an einem Aktivkohlewerk an, ein Bereich, der nicht zu seinem Kerngeschäft gehört. Da an dem Aktivkohlewerk auch die Fraunhofergesellschaft beteiligt war, hat Loick gemeint, es könne nicht schiefgehen. Der Irrtum hat ihn einen stolzen Betrag gekostet.

Losgelassen hat Loick bei der Produktion von Tellern aus Mais – recycelbarem Einweggeschirr. Er hat dafür zwar ein Patent, aber produziert hat er die Maisteller nicht. Angela Merkel ist noch Umweltministerin in Helmut Kohls Kabinett, als Loick sie das erste Mal nach China begleitet. Bei jedem Essen stößt er auf Styroporschalen. Er kommt auf die Idee, Essschalen aus Mais zu entwickeln. Fünfmal hat er Chinesen in der Firma, die sich seine Produkte und seine Verfahren anschauen. Er will ihnen Anlagen verkaufen. Eines Tages kommen die Chinesen zurück und bieten ihm einen recycelbaren Einwegteller an. Dieser ist nicht aus Mais, sondern aus Zuckerrohr. Er ist besser und billiger, als Loick ihn aus Mais herstellen könnte. Zuerst ist Loick geknickt, abends setzt er sich mit seinen Besuchern aus Fernost zusammen und vereinbart einen Deal. Die Biowertstoff AG Loick sichert sich die exklusiven Vertriebsrechte für die chinesischen Einwegteller für Deutschland. Sein eigenes Mais-Patent nutzt Loick später für die Herstellung von Formteilen.

Zusammen mit Herstellern aus anderen europäischen Ländern gründet er in der Schweiz eine Gesellschaft, die recycelbares Einweggeschirr, Besteck, Trinkgefäße und Teller für Caterer herstellt und vermarktet. Die einzelnen Produkte kommen aus den verschiedenen Ländern. Auch die Zuckerrohrteller aus China gehören zum Sortiment. Das Geschirr verrottet, kann kompostiert oder in Biogasanlagen eingesetzt werden. Innerhalb von 16 Tagen ist das Geschirr in einer Biogasanlage komplett abgebaut und in Gas verwandelt. Mit seinem Geschirr macht Loick über eine Million Euro Umsatz. Für den Weltjugendtag in Köln ist es ebenso geordert worden wie in einigen Stadien bei der Fußballweltmeisterschaft. Es wird bei der Europameisterschaft in Österreich und in der Schweiz eingesetzt werden. Ein Liefervertrag mit einem großen Handelsgeschäft ist unterzeichnet. Verkauft wird das biologisch abbaubare Einweggeschirr unter dem Markennamen Naturesse und greenway.

Loick verkauft nicht nur seine Produkte, sondern auch seine Philosophie einer Bio-Kreislaufwirtschaft. Seine Produkte werden aus Pflanzen hergestellt und wandern später als Biomasse in Biogasanlagen. Die bei der Gaserzeugung anfallenden Pflanzenrückstände landen wieder als Dünger auf den Maisfeldern. Der Strom, der mit dem Biogas erzeugt wird, kann die Maschinen zur Maischipsproduktion antreiben. Die Ökobilanz könnte nicht besser sein. Aus diesem Kreislaufgedanken ist Loicks Engagement für Biogasanlagen erwachsen, verstärkt noch durch die Verpackungsordnung mit ihren Rücknahmepflichten. Mit den Biowertstoffen, die über die Cornpark GmbH&Co KG in Dorsten und in Teterow vertrieben werden, macht Loick 2007 einen Umsatz von mehr als sieben Millionen Euro.

Um für die Biogasanlagen der Loick-Bionenergie GmbH ausreichend Biomasse zu bekommen, schließt der Loick-Agroservice mit Landwirten Anbau- und Bewirtschaftungsverträge oder pachtet langfristig Flächen. Der Agroservice beteiligt sich auch an Züchtungsprojekten und verkauft die Nährstoffe aus den Biogasanlagen. Loick will künftig mit seinem Unternehmen stärker selber Landwirtschaft betreiben, um die Biomasse für seine Biogasanlagen zu sichern. Expansionsmöglichkeiten sieht er in Ostdeutschland, Polen, Ungarn, Rumänien, Kroatien und im Baltikum.

Er glaubt an die Zukunft des Biogases, weil es für ihn die effizienteste erneuerbare Energie ist. Als Biogasanlagenbauer ist er nicht glücklich geworden. Seine qualitativ guten Anlagen sind teurer und damit schwerer zu verkaufen gewesen, die Zahlungsdisziplin einiger Abnehmer ist nicht die beste, immer wieder werden angebliche Mängel vorgeschoben. Loick ist den Ärger leid und beschließt, nur noch für seine eigenen Unternehmen, für die Loick-Gruppe zu bauen. Er lässt von seinen Wirtschaftsingenieuren berechnen, wie groß eine Biogasanlage sein muss, um auch bei steigenden Preisen für Weizen oder Maissilage wirtschaftlich zu sein. Damit beginnt sein Einstieg in große Biogasanlagen. Mit einem ostdeutschen Partner, der EnD-I-AG aus Halle, baut er im Industrie-Park Dorsten-Marl eine zehn MW-Anlage. Sie soll Gas in Premium-Qualität erzeugen, das direkt in die Erdgasnetze eingespeist werden kann. Um die Anlage mit Biomasse zu versorgen, sind 4.000 Hektar Fläche erforderlich.

Die Vorgeschichte ist dramatisch. Ein großer Investor treibt Loick zunächst dazu, fünf große Biogasanlagen zu projektieren, bricht dann plötzlich zusammen. Loick steht allein da, hat aber bereits 3,5 Millionen Euro investiert, die Liquidität wird knapp. Loick macht sich auf die Suche nach einem Partner und findet ihn in der EnD-I-AG. Sie gewinnt aus stillgelegten Deponien und Kohlegruben sowie aus Kläranlagen Gase. Die Deponiestandorte sind hervorragende Standorte für Biogasanlagen, da ein Großteil der Infrastruktur für Biogasanlagen auf Deponien vorhanden ist. Mit der EnD-I-AG bildet Loick eine neue Gesellschaft, die EnD-I-Loick-Bioenergy. Zusammen mit der Ruhrkohle-Tochter, der StEAG Saar Energie AG, gründet die EnD-I-Loick-Bioenergy eine neue Gesellschaft. Diese will jetzt europaweit große Biogasanlagen bauen.

Den Bereich der Biowertstoffe hat Loick so weit vorangebracht, dass er mehr oder weniger von allein läuft, jetzt treibt der Energiewirt den Energiebereich nach vorn. Aber er hat das Risiko begrenzt. An der EnD-I-Loick-Bionergy und damit an allen Anlagen, die die Gesellschaft in Deutschland baut, ist er mit 25,1 Prozent beteiligt. Er ist der Geschäftsführer des Joint Ventures. Geplant ist 2012 der Bau von Biogasanlagen mit einer Gesamtleistung von 100 MW. „Ich habe mir gesagt, Schuster bleib bei deinem Leisten. Ich bin ja schon ein Workaholic, aber wenigstens am Wochenende wollte ich meine Frau und meine drei Kinder sehen und auch einmal wieder ruhiger schlafen." Seine Kernarbeitszeit für das Geschäftsfeld „Energie" in der Woche beziffert Loick auf mindestens 60 Stunden. Hinzu kommen zehn Stunden im Bereich der Loick-Gruppe, am Wochenende dann zehn Stunden Landwirtschaft.

Trotz des Dauerstresses sitzt er selbst am Steuer seines Wagens. Er hat ihn in ein fahrendes Büro verwandelt. Auf dem Weg von Dorsten-Lembeck nach Frankfurt führt er Dauertelefonate. Manchmal erschrickt er über sich selbst, weiß gar nicht, wie er nach Frankfurt gekommen ist. Er hat eingesehen, dass er sich wohl besser fahren lassen sollte. Bereut hat es auch Loick nicht, Unternehmer geworden zu sein, aber er wünscht sich etwas mehr Lebensqualität, einfach Ruhe zu finden.

Made by Kim

Kim-Eva Wempe, Unternehmerin in vierter Generation, macht Wempe zur Marke

„Das Leben ist kein Wunschkonzert."

Kim-Eva Wempe

Gerhard D. Wempe KG

Das 1878 in Elsfleth an der Weser bei Bremen gegründete Hamburger Unternehmen handelt mit Uhren und Juwelen, wartet und repariert in eigenen Werkstätten Uhren, stellt Schiffschronometer her und produziert in Glashütte eigene Uhrenlinien. Es hat weltweit 25 Niederlassungen, setzte 2006 220 Millionen Euro um und beschäftigt 496 Mitarbeiter.

Stammhaus: Steinstr. 23
20095 Hamburg
Tel.: 040 33448847
Fax: 040 33 448666
Internet: www.Wempe.de

Kim-Eva Wempe ringt nach Luft, als sie kurz vor zehn Uhr in die Wempe-Zentrale stürmt, so, als hätte sie ihr morgendliches Joggen an der Hamburger Außenalster mit einem Spurt in die Steinstraße beenden wollen. Heute ist ihr die Zeit davongelaufen. Die Kinderfrau ist krank geworden, dann hat sie ihren Sohn und ihre Tochter zur Schule gefahren. Auf ihrem Kalender jagen sich die Termine: die neue Kollektion muss vorbereitet, Uhrenmanufakturen müssen besucht werden, Kundenpräsentationen und Galas in verschiedenen europäischen Städten und eine Reise in den fernen Osten stehen bevor. Die nächsten sechs Wochen wird Kim-Eva Wempe aus dem Koffer leben. Im Konferenzsaal des „Gülden Gerd" wird bereits für das Gespräch mit dem Wirtschaftsprüfer eingedeckt. Nun kommt noch ein Journalist vom Handelsblatt und will wissen, wie sie Unternehmerin geworden ist und wie sie den Chefjob des Hamburger Traditionshauses meistert. Eigentlich hätte sie Wichtigeres zu tun, zum Beispiel wie jeden Tag, eine Minute nach zehn Uhr auf ihrem PC die Tageseinnahmen aller Niederlassungen abzurufen. Aber sie nimmt sich die Zeit für ein zweistündiges Gespräch.

Der 129-jährigen Geschichte des Hamburger Juweliers und Feinuhrengeschäftes begegnet der Besucher bereits im Foyer des „Gülden Gerd". So heißt das 1898 im expressionistischen Dekorationsstil erbaute denkmalgeschützte Kontorhaus in der Steinstraße. Es ist zunächst an das Warenhaus Heilbuth vermietet, wird 1923 von Herbert Wempe erworben und nach dem Firmengründer Gerhard Diedrich Wilhelm Wempe benannt. Die in einem Couplet besungene „Steenstroot" mitten in der Hamburger City ist die älteste, schon im 13. Jahrhundert gepflasterte Straße der Hansestadt.

In dem kleinen Empfangsraum der Wempe-Zentrale hängen eindrucksvolle, von einem Künstler in der Familie in Öl gemalte Portraits des Firmengründers Gerhard Wempe, seines Sohnes Herbert Wempe und des heutigen Seniorchefs Hellmut Wempe. Kim-Eva Wempe, die das Hamburger Feinuhrmacher- und Juweliergeschäft seit 2003 in vierter Generation führt, möchte sich nicht für die Chef-Galerie malen lassen. Schon ihr Vater Hellmut gehört nach ihrer Meinung noch nicht in die Ahnenreihe.

Der freundlich lächelnde Herr mit dem gewellten Silberhaar wirkt, als hätte er für die Figur des Ehrbaren Hamburger Kaufmanns Modell gestanden. Die mittlerweile 75 Jahre sieht man ihm nicht an. Hellmut Wempe, der am liebsten Journalist geworden wäre, hat die Geschäftsführung nach dem Tod seines Vaters Herbert 1963 übernommen und die Expansion des Hamburger Feinuhrmachers und Juweliers vorangetrieben. Seit er in den sechziger Jahren das Kommando führt, herrscht Aufbruchstimmung bei Wempes in der Firma und zu Hause. Aus dem halben Duzend Niederlassungen macht Hellmut Wempe ein Unternehmen mit zwei Dutzend Niederlassungen, davon 19 in Deutschland und fünf in den Metropolen New York, Paris, London, Madrid und Wien sowie mit einer Boutique auf dem Kreuzfahrtschiff MS Europa. Schiffe verbinden sich mit dem Namen Wempe, seit Herbert Wempe 1938 die Chronometerwerke Hamburg gekauft hat und die Wempe-Gruppe auch Schiffschronometer und Schiffsuhren produziert.

In die Ferne zieht es Vater wie Tochter. Beide sind neugierig auf fremde Länder und Kulturen, machen Abenteuerreisen. Hellmut Wempe ist viel unterwegs, war gerade in Kirgisistan und sitzt in diesen Septembertagen über der Planung einer Safarireise durch afrikanische Länder.

Der Juwelier Wempe handelt nicht nur mit Schmuck und hochwertigen Uhren, sondern wartet und repariert sie auch in den hauseigenen Werkstätten in Hamburg und im sächsischen Glashütte. In den vom Licht durchfluteten Werkstatträumen im vierten Stock des Stammsitzes in der Steinstraße arbeiten 32 Mitarbeiter, darunter 17 Feinuhrmacher. Für jede der Luxusuhren, die Wempe führt, hat das Unternehmen einen spezialisierten Uhrmachermeister. Die Lupe vor das Auge geklemmt, zerlegen die Uhrmacher die Uhren komplett und setzen sie neu zusammen – ein Teilepuzzle, das Laien zur Verzweifelung treiben würde. In der Wempe-Uhrenwerkstatt – nach Unternehmensangaben einer der größten europäischen Einzelhändler – ist das Tagesroutine.

Kim-Eva Wempe ist keine wandelnde Schmuckboutique. Sie hält es mit der Devise „weniger ist mehr", trägt eine Kette und einen Ring. Die aparte, sportliche Frau mit den dunklen Augen beeindruckt durch schlichte Eleganz und Natürlichkeit. Eigentlich hat sie Ballerina werden wollen. Aber das ist für sie heute nur noch Erinnerung, eine Erinnerung, die nicht nur durch die Ballettfotos in ihrem Büro, sondern auch durch ihre Tochter lebendig bleibt. Diese tanzt in John Neumeiers Hamburger Ballett-Schule. Kim-Eva Wempe hat ihre Tochter nicht gedrängt, Ballett zu tanzen. Sie hat es nur mit der von ihren Eltern übernommenen Regel gehalten: „Sag dem Kind nicht, was es tun soll. Sag ihm nur, dass es etwas tun soll." Das hat auch der Vater nach dem Abitur zu ihr gesagt, als sie ihr Berufsziel bestimmen musste. „Mach, was du willst, aber mach was", war sein Rat. Hellmut Wempe drängt die Tochter nicht, in die Firma zu kommen.

Als Kind und Jugendliche tanzt sie sich im Ballett nach vorn, die Eltern lassen ihr viel Freiheit. Kim-Eva Wempe will früh eigenverantwortlich leben, träumt eine Zeit lang vom Hippie-Leben. „Es war mit mir wirklich nicht leicht", sagt sie selbstkritisch. Sie bekommt Kleidergeld, weil sie die Sachen, die ihr die Mutter kauft, nicht tragen will. Aber das Geld reicht häufig nicht. Um etwas hinzuzuverdienen, jobbt sie in der Firma, zeichnet Ware aus. Sie hat gerade ihr Abitur in der Tasche, als sie um ein Uhr in der Nacht ihren Mini-De Tomaso zerschreddert. Ein LKW nimmt ihr die Vorfahrt, aber völlig schuldlos ist sie an dem schweren Unfall nicht. Vater Hellmut kennt seine temperamentvolle Tochter, sagt ihr die Mitschuld noch am Krankenbett auf den Kopf zu. Ein halbes Jahr liegt sie im Krankenhaus und hat Zeit, über ihre Zukunft nachzudenken.

Kim-Eva Wempe besucht die Fremdsprachenschule in Hamburg, macht Praktika in den Zentren der italienischen und schweizerischen Schmuck- und Uhrenfabrikation. Bei Rolex in der Schweiz gefällt es ihr besonders gut. Ein halbes Jahr arbeitet sie dort und freut sich wie Bolle über das fürstliche Gehalt, das sie netto ausbezahlt bekommt. Nur vergisst sie, dass sie das Gehalt selbst am Jahresende versteuern muss.

Kim-Eva Wempe beschließt, Betriebswirtschaft zu studieren. Am liebsten wäre sie in Hamburg geblieben, aber das klappt nicht. Sie fährt nach Berlin, schaut sich den Vorlesungs- und Seminarbetrieb an der Freien Universität an und kann sich nicht vorstellen, dort sechs Jahre zu studieren. Sie hat das Gefühl, Zeit zu verschwenden. Sie will mit Menschen arbeiten, bricht ihre Zelte in Berlin wieder ab.

Auf ihrem zweiten Flug zu der Wempe-Niederlassung in New York tippt sie ihrem Vater auf die Schulter und erklärt ihm, eine Ausbildung zum Betriebswirt an der Hamburger Wirtschaftsakademie und in seiner Firma machen zu wollen. Hellmut Wempe lässt sich seine Freude nicht anmerken. Kim-Eva Wempe ist zu diesem Zeitpunkt 21 Jahre alt. Seit die Handelskammer Hamburg und Hamburger Unternehmen 1975 das „Hamburger Modell", eine duale Ausbildung nach dem Beispiel der Berufsakademien geschaffen haben, ist die Verbindung theoretischen Wissens mit beruflicher Praxis möglich. Nach drei Jahren schließt Kim-Eva Wempe ihre Ausbildung mit dem Betriebswirt ab, arbeitet drei Monate in Hongkong und tritt dann in die väterliche Firma ein. Ihre ersten Aufgaben liegen im Marketing und in der PR-Arbeit, im Einkauf und der Disposition und im Personalbereich.

Aus Hongkong bringt sie ihr Faible für Drachen mit nach Hamburg. Zusammen mit befreundeten Goldschmieden entwirft sie eine Drachenkollektion. Die Firma Wempe investiert viel Geld in den schweren Goldschmuck. Hellmut Wempe lässt die Tochter gewähren. „Ich weiß nicht, ob Du die Drachen verkaufst, aber probier es", sagt er zur Tochter. Der Drachenschmuck wird schön und in großer Stückzahl produziert, trifft aber nicht den Geschmack der Wempe-Kunden. Kim-Eva Wempe verkauft nur wenige Drachen. Sie lernt aus dem Debakel, dass es etwas mehr bedarf, um Dinge richtig zu tun.

Die Drachenkollektion passt nicht zu der Strategie der kontinuierlichen Weiterentwicklung des Unternehmens, die sich Kim-Eva Wempe auf ihre Fahnen geschrieben hat. Sie ist ein Bruch. „Ein Querschläger. Ich habe noch andere Fehler gemacht, aber keinen mehr dieser Art."

Kim-Eva Wempe ist Waage und sagt offen, bei einigen Dingen könne sie sich schwer entscheiden, zum Beispiel bei der Frage, welcher Ring schöner ist. Über andere Entscheidungen braucht sie kaum nachzudenken, etwa, ob es zum 125-jährigen Wempe-Jubiläum im Jahr 2003 eine Rabattaktion geben sollte oder nicht. Die Firma hat zwei schwache Jahre hinter sich und hofft auf eine Umsatzbelebung. Kim-Eva Wempe ist im Gegensatz zu ihrem Vater strikt gegen eine Rabattaktion. Es ist ihr so Ernst, dass sie damit droht, die Firma zu verlassen, wenn eine Rabattaktion beschlossen wird. Die Situation wird kritisch. Kim-Eva Wempe setzt sich durch. Später gibt der Vater ihr Recht und dankt ihr für ihre Hartnäckigkeit. „Es war gut, dass mit Dir überhaupt nicht zu reden war", gesteht er seiner Tochter.

„Es gibt für mich Dinge, die sind so klar, dass es nur einen Weg geben kann", sagt Kim-Eva Wempe im Rückblick. Mit ihren Mitarbeitern bespricht sie, was diese zum Jubiläum beitragen können. Eine Uhrensonderkollektion und eine eigene Schmuckkollektion „Made by Kim" werden vorgeschlagen. „Made by Kim" wird ein Erfolg und macht die Drachen-Pleite vergessen. Ihre für Presse und PR zuständige Mitarbeiterin regt an, das Jubiläum zu nutzen, um den Wechsel in der Geschäftsführung vom Vater auf die Tochter offiziell zu verkünden. Seit Hellmut Wempe 1994 seine Tochter zur persönlich haftenden Gesellschafterin gemacht hat, haben beide das Unternehmen gemeinsam geführt. Mit dem Jubiläum tritt der Vater in die zweite Reihe. Leicht fällt Hellmut Wempe der Rückzug nicht, besonders, als die Presse jeden Tag über den Generationswechsel bei Wempe berichtet. Er ist bereits mehr gereist und seltener als früher ins Büro gekommen, lässt sich nur noch über wirklich Wichtiges informieren. Aber als 2003 fast jeden Tag in der Zeitung steht, der „Alte" tritt ab, bekommt er das Gefühl, die Zügel noch einmal anziehen zu müssen, kreuzt wieder häufiger in seinem Büro auf und lässt sich nahezu alle Vorgänge vorlegen. Nach einem klärenden Gespräch zwischen Vater und Tochter verzieht sich die aufgestaute dicke Luft.

Kim-Eva Wempe findet das Verhalten des Vaters normal, hat Verständnis dafür, dass es ihm schwerfällt, loszulassen. Ist Hellmut Wempe in Hamburg, kommt er in die Firma, meistens für einen halben Tag. Kim-Eva Wempe will, dass der Vater glücklich ist. Deshalb binden sie und ihre leitenden Mitarbeiter ihn ein, bitten um seinen Rat. „Es ist schön, wenn man sich bei wegweisenden Entscheidungen mit einem so erfahrenen Unternehmer abstimmen kann", sagt die Tochter.

Hellmut Wempe drängt seit Ende der neunziger Jahre darauf, eine eigene Uhrenkollektion auf den Markt zu bringen. Aber Kim-Eva Wempe will keine halben Sachen machen. Sie will nicht von einem unbekannten Hersteller Uhren kaufen und sie unter eigenem Namen verkaufen. Nach viereinhalb Jahren sieht sie die Chance zu einer Uhrenproduktion, die ihren Qualitäts- und Imageansprüchen genügt. Im Januar 2005, zeitgleich mit dem hundertsten Geburtstag der Wempe Chronometerwerke, erwirbt das Unternehmen die Ruine der ehemaligen Sternwarte Urania im sächsischen Glashütte, saniert für zwei Millionen Euro das baufällige Gebäude und baut es zu einer eigenen Uhrenmanufaktur um. Die Federführung für den Umbau liegt bei Hellmut Wempe.

Kim-Eva Wempe kann an die Glashütter Uhrmacher-Tradition anknüpfen. Ein vergilbtes Schwarzweißfoto zeigt ihren Großvater Herbert Wempe und Otto Lange, als sie Ende der dreißiger Jahre des vergangenen Jahrhunderts im deutschen Uhrmacher-Mekka über die Gründung der „Arbeitsgemeinschaft Sternwarte Glashütte" sprechen. In den Wempe Chronometerwerken Glashütte i/SA werden die eigenen Uhrenlinien kreiert und produziert. Kim-Eva Wempe ist damit ihrem unternehmerischen Ziel, aus dem Handelsunternehmen Wempe die Marke „Wempe – feine Uhren und Juwelen" zu machen, einen großen Schritt nähergekommen. Sie ist zuversichtlich, mit den beiden eigenen Uhrenlinien unter die zehn umsatzstärksten Uhrenmarken im Wempesortiment zu kommen. Als Händler von Luxusuhren hat Wempe dieses Ziel bereits erreicht.

Was treibt Kim-Eva Wempe? „Es macht mir eine Riesenfreude, Dinge zu bewegen", antwortet sie wie aus der Pistole geschossen. „Der Anstoß macht immer viel Spaß, dann kommt die Ruckphase. Am Ende muss aber auch noch immer etwas gemacht werden. Das macht dann weniger Spaß.

Meinen Kindern sage ich immer, das Leben ist kein Wunschkonzert."
Die engagierte Mutter hat bei Schwierigkeiten noch einen Spruch für ihre
Kinder und sich selbst parat – eine Lebenseinstellung, mit der sie gut
gefahren ist. Sie sagt dann: "Alles geht. Es gibt für alles eine Lösung.
Man muss sie nur finden." Wenn sie nicht die Firma Wempe übernommen hätte, dann hätte sie heute eine andere Firma, sagt die von der ASU
und dem BJU zur Hamburger Unternehmerin des Jahres 2007 gekürte
Powerfrau. „Es gibt viele Menschen, die mit einer Idee herumlaufen und
nichts daraus machen. Ich gehöre nicht dazu. Ich weiß, irgendwie geht
das. Man muss nur herausfinden, wie." Ihre Körpersprache ist lebhaft.
Wenn sie beim heiteren Beruferaten eine typische Handbewegung machen müsste, wäre das eine wie ein Schwungrad kreisende Bewegung.
Kim-Eva Wempe will aber nicht nur selbst Dinge bewegen und vorantreiben, sie lässt auch ihren Mitarbeitern den Freiraum zu eigenen Er-
folgserlebnissen.

Aufgeben könne sie, sagt sie, wenn es dafür gute Gründe gäbe. Verlieren
könne sie dagegen gar nicht. Das sei schon als Kind so gewesen. Trotz
aller Arbeit kann Kim-Eva Wempe entspannen und ihren Urlaub mit der
Familie genießen. „Man muss die unangenehmen Dinge immer zuerst
tun. Dann findet man auch Zeit für die angenehmen Dinge."

Sucht man nach den genetischen Spuren für ihre unternehmerische Dynamik, führen sie nicht nur zu ihrem Vater und der willensstarken Mutter,
sondern auch zur Großmutter mütterlicherseits, einer Apothekerin. „Die
war nicht leicht zu knacken", sagt Kim-Eva Wempe mit der ihr eigenen
Burschikosität. Die Großmutter hat von ihrem verstorbenen Mann die
Apotheke geerbt, darf sie aber zunächst nicht führen. Das nimmt die
Großmutter nicht hin und erstreitet vor Gericht das Recht, die Apotheke
betreiben zu können. „Sie war nur 1,55 Meter aber doch eine große Frau.
Das Unternehmerische zieht sich bei uns durch alle Generationen", sagt
Kim-Eva Wempe und räumt lächelnd eine Ähnlichkeit mit der Großmutter ein. Noch weiß sie nicht, ob es eine fünfte Generation an der Spitze
von Wempe geben wird. Sie will es wie ihr Vater halten. Wenn eines ihrer
beiden Kinder die Firma weiterführen will, soll es die Chance dazu erhalten. „Ich schau mir dann an, ob mein Kind es kann. Die Firma muss der
führen, der es am besten kann."

Das Gefühl von Unsicherheit und Ungewissheit kennt Kim-Eva Wempe aus ihrem Berufsleben nicht. Sie behauptet von sich nicht, emotional ausgeglichen zu sein. „Ich bin Waage. Bei Belastungen brauche ich meine Zeit, um wieder einzupendeln. Aber es gelingt mir immer." Die anstrengende Beharrlichkeit, die ihr nachgesagt wird, bestreitet sie nicht. Sie ist davon überzeugt, dass niemand ihre Arbeit machen könnte, der Menschen nicht mag. „Ich mag Menschen und unterhalte mich gerne mit ihnen", sagt Kim-Eva Wempe von sich.

Ihre „Lehrzeit" an der Seite ihres Vaters ist lang, fast zwanzig Jahre. Aber das ist eine oberflächliche Interpretation. Als die Wempes das Jubiläum nutzen, um den Wechsel in der Geschäftsführung zu kommunizieren, hat er fließend längst stattgefunden. Der angebliche Wechsel des Vaters in den Aufsichtsrat ist ein publizistischer Kunstgriff, um den Wechsel leichter verständlich zu machen. Denn in der Wempe KG gibt es weder einen Aufsichtsrat noch einen Beirat. Den Beirat hat Hellmut Wempe wieder abgeschafft, als Kim-Eva 32 Jahre alt und von ihm als persönlich haftende Gesellschafterin aufgenommen wird. „Damals ist die Entscheidung zu meinen Gunsten gefallen."

Die Kapitalmehrheit liegt allerdings heute noch bei Hellmut Wempe, aber entschieden wird nicht nach Anteilen an der Firma, sondern gemeinsam. Kim-Eva Wempe ist sich der Verantwortung bewusst, die sie für das Kapital ihres Vaters trägt. „Mein armer Vater", sagt sie lachend mit einer Mischung aus Scherz und Ernst, „haftet für mein Tun. Meine Mutter muss ich auch immer beruhigen. Ich erzähle ihr dann, noch läuft es ganz gut."

Wenn man Vater und Tochter gemeinsam erlebt, spürt man, beide respektieren und mögen einander. Gelegentliche Reibungen schließt das nicht aus. Sie erzeugen Wärme, manchmal auch knistern Funken. Kim-Eva Wempe trägt es dem Vater nach, dass er die von ihr eingestellte Personalchefin aus dem Haus gegrault hat, weil er eine Personalchefin für überflüssig hielt. Heute hat Wempe wieder eine Personalchefin. Aber die Meinungsverschiedenheiten über die Personalarbeit, über die Gestaltung des Firmenjubiläums und das Preissegment für die Wempe-eigenen

Zeitmeisteruhren zählen zu den Ausnahmen. Alle wichtigen Entscheidungen haben Vater und Tochter gemeinsam gefällt. „Wir mussten nichts ausfechten", sagt Kim-Eva Wempe.

Sie glaubt, dass der Generationübergang zwischen Vätern und Töchtern harmonischer verläuft, als zwischen Vätern und Söhnen. Der gesellschaftliche Druck auf die Nachfolgersöhne sei größer. Wenn er dreißig sei, fragten den Kronprinzen die Freunde, na, immer noch bei Papi?

Kontinuierliche Weiterentwicklung der Wempe-Gruppe ohne Zickzackkurs – diese Tradition will Kim-Eva Wempe fortsetzen. „Ich wünsche mir, dass sich mehr Menschen eine Unternehmertätigkeit zutrauen und Geschichten lesen können, die zeigen, dass es geht. Man muss nicht unbedingt studieren, sondern nur eine starke Persönlichkeit haben. Wer das hat, kann auch Gas geben."

Das Comeback des Kalle-Bäckers

Sabine Riemann belebt nach der Insolvenz die Familientradition neu

„Wir wollen nicht mehr um jeden Preis wachsen.“

Sabine Riemann

Kalle Bäcker

Die Kalle-Bäckerei ist ein familiär geführtes kleines mittelständisches Unternehmen in Dithmarschen mit über hundertjähriger handwerklicher Backtradition und 90 Mitarbeitern.

Hauptgeschäft Marne
Feldstr. 58a
25709 Marne
Tel.: 04851 95550
Fax: 04851 955520
E-Mail: info@Kalle-Baecker.de
Internet: www.Kalle-Baecker.de

Der kräftige Wind schiebt regenschwangere Wolken über die Deiche und biegt die wenigen Windflüchter, die Sträucher und Bäume, noch ein wenig tiefer auf den Marschboden. Die steife Brise verwirbelt die dicke Wolle auf den Rücken der Schafe. Tausende der vierbeinigen Landschaftspfleger und große Herden schwarzbunter Kühe grasen auf den saftiggrünen Marschwiesen Dithmarschens. Die Seedeiche laden zu Spaziergängen mit einem herrlichen Weitblick über die Elbe und die Nordsee ein. Dicke Pötte ziehen vorbei. Die Schleusen des Nordostseekanals sind nicht weit. Das Watt lockt mit Seehunden, kleine Krabbenkutter laufen mit der Tide zum Fang aus. Ferienstimmung kommt auf. Es kann noch so spät am Tag sein, im grünen Ferienkreis an Dithmarschens Nordseeküste heißt der Gruß immer „Moin, Moin".

Nur das Wumm-Wumm hunderter Windräder stört die idyllische Naturlandschaft. Deutschland ist Windernergie-Weltmeister. Hier in Dithmarschen hat diese Karriere begonnen, wurde Anfang der achziger Jahre die Großwindanlage „Growian" gebaut. Über dreihundert Windkraftanlagen gibt es heute in Dithmarschen, über dreihundert weitere sind bereits genehmigt.

Die Norddeutschen gelten als dröge. Aber die kleine Marschmetropole Marne mit ihren 6.000 Einwohnern gibt sich alle Mühe, diesen Eindruck zu verwischen, rühmt sich, eine fröhliche Karnevalsstadt zu sein, so, als lägen Köln oder Mainz in der Südermarsch. Zwanzigtausend Narren kommen zum Rosenmontagszug nach Marne. Nur heißt es hier nicht Alaaf und Helau sondern Marnholfast.

Hoch her geht es aber in Dithmarschen nicht nur zur fünften Jahreszeit. Einen Tag vor der Wattolympiade dröhnen die Bässe des Rockfestivals Wattstock durch die Marsch. Richtig gefeiert wird zu den Dithmarscher Kohltagen, die jedes Jahr in der drittletzten Septemberwoche stattfinden. In Dithmarschen liegt das mit 2.800 Hektar größte zusammenhängende Kohlanbaugebiet Europas. Rund 80 Millionen Kohlköpfe werden hier alljährlich geerntet. Zu den Kohltagen werden Kohlregentinnen gekürt. Ineke, die I. und Martina, die I., heißen sie 2007. Zehntausende Besucher kommen an den Kohltagen zum dreitägigen Stadtfest nach Marne. Manchmal gibt es eine „Kolhbuernhochtied" und der in den schleswig-holsteinischen Farben gekleidete Kalle-Bäcker Riemann überrascht dann die Brautleute mit einem Dithmarscher Hochzeitsbrot. Von Ende August bis Anfang Oktober gibt es beim Kalle-Bäcker eine regionale Spezialität, das „Kohlbrot", ein lockeres, saftiges Weizen-Mischbrot mit fein geschnittenem frischem Kohl, Kräutern und Zwiebeln. Kohlbrotbacken kann man beim Kalle-Bäcker lernen. Fünfzig Marner und Besucher machen im September 2007 von diesem Angebot Gebrauch, eine Rekordbeteiligung.

Seit 1951 verbindet sich der Name Kalle-Bäcker mit Dithmarschen. Der Bäcker Karl Riemann und seine Frau Marie kommen in diesem Jahr nach der Flucht aus Schlesien nach Marne und eröffnen hier eine Bäckerei. 1966 tritt die zweite Riemann-Bäcker-Generation an, Karl und Christa Riemann übernehmen das Geschäft. Das wächst in der zweiten Hälfte der siebziger Jahre um etliche Filialen. Die Expansion erfordert größere Kapazitäten. Anfang der achtziger Jahre wird eine 800 Quadratmeter große Halle gebaut, 1985 eine GmbH gegründet mit den Eltern Karl und Christa Riemann als Geschäftsführer. Die Kinder Sabine und Mark Riemann werden Teilhaber.

Sabine Riemann hilft schon als Schülerin im Betrieb, tütet Kekse ein, steht bei der Schneekatastrophe im Winter 1978/1979 hinter der Ladentheke. Das ist für die Riemanns selbstverständlich und muss nicht bezahlt werden. Auch das Hobby Segelfliegen teilt sie mit ihren Eltern, macht mit 14 ihre ersten Alleinflüge und mit 17 ihren Segelflugschein. Da beide Eltern im Betrieb arbeiten, lernen die Kinder früh, selbstständig zu sein. Zu den seit Generationen von den Kalle-Bäckern vermittelten Familienwerten gehört, dass jeder für sein Schicksal selbst verantwortlich ist und man nicht, wenn einem etwas misslingt, die Schuld bei anderen suchen darf.

Nach dem Abitur weiß Sabine Riemann nicht so richtig, was sie werden will. Eigentlich will sie studieren, aber die Fächer, die sie gewählt hat, haben alle einen Numerus Clausus. Es ist ungewiss, ob sie einen Studienplatz bekommt oder nicht. „Rumtrödeln gibt es nicht. Du kannst wenigstens schon einmal anfangen", sagt Karl Riemann zu seiner Tochter. Sie beginnt die Bäckerlehre und findet schnell Spaß am Backhandwerk. Es liegt ihm. Sie lernt im elterlichen, aber auch in einem fremden Betrieb. Nach der Gesellinnenprüfung macht sie in Düsseldorf noch die Ausbildung zur Konditorin, arbeitet in der Schweiz und in einem Zulieferunternehmen, legt die Meisterprüfung als Konditor ab.

Nach der Fremdbewährung kehrt sie mit 27 Jahren nach Marne zurück und erhält ihr eigenes kleines Reich. Sie leitet Kalle-Condi, einen kleinen für sie neu eingerichteten Konditorei-Betrieb. Die Existenzgründerin hat allerdings mit der Kalle-Bäckerei ihres Vaters eine Exklusivvereinbarung, ist deren Zulieferbetrieb für Konditoreiwaren. Ende der neunziger Jahre wird die Konditorei in den Gesamtbetrieb integriert. Bis zur Geburt ihrer beiden Söhne steht sie mitten in der Nacht auf und arbeitet in der Produktion. Heute ist sie mehr Managerin, es sei denn, es gibt einen Personalengpass, dann arbeitet sie bis 12:00 Uhr in der Nacht, schläft einige Stunden und steht am Morgen wieder im Betrieb.

Spätestens um Mitternacht, im Sommer, wenn die Touristen das Geschäft ankurbeln noch früher, gehen beim Kalle-Bäcker die Lichter an. Der Kalle-Bäcker liefert auch in das 70 Kilometer entfernte Sankt Peter-Ording, betreibt dort Filialen. Das starke Touristengeschäft erfordert einen Arbeitsbeginn, wenn andere schlafen gehen.

Leistungsbereit und ausdauernd muss man sein, sagt Sabine Riemann. Man sieht ihr an, dass sie gern zupackt. Sie strahlt Energie aus, lacht gern, ist gänzlich uneitel und einnehmend freundlich. In dem vielseitigen Betrieb wird es für sie nie langweilig, gibt es immer etwas, was ihr besonderen Spaß macht. „Da ist man dann auch zielgerichtet dabei." Entmutigen lässt sie sich bei schwierigen Aufgaben nicht. Erst einmal anfangen, heißt ihre Devise. Schließlich ist der Anfang die Hälfte des Ganzen. Wenn es auf Anhieb nicht klappt, macht sie einen zweiten und dritten Versuch.

Die Frage, von wem sie das Unternehmerische hat, kann Sabine Riemann nicht eindeutig beantworten. Sie sei eben in einer Unternehmerfamilie aufgewachsen, habe auch noch die Großeltern als Unternehmer erlebt. Als diese die Bäckerei an ihren Vater übergeben, fangen die Großeltern gleich wieder als Unternehmer an und eröffnen ein Selbstbedienungs-

Lebensmittelgeschäft. „Ich kenne nichts anderes, als selbstständig zu sein und habe die Selbstständigkeit auch nie in Frage gestellt. Was getan werden musste, wurde gemacht. Darüber wurde auch nicht lange gesnackt", sagt Sabine Riemann.

In den ersten Jahren des neuen Jahrhunderts will sich Vater Karl Riemann aus dem operativen Geschäft schon zurückziehen, denn Sohn Mark und Tochter Sabine führen de facto schon die Firma, aber die Kalle-Bäckerei ist in einer schwierigen Situation. Sie hat Filialen in einer regionalen Supermarktkette eröffnet. Zwanzig Filialen gehören im Jahr 2000 zur Kalle-Bäckerei, mehr als die Hälfte sind in den Supermärkten.

Die sinkende Kaufkraft führt zu Umsatzrückgängen, die Supermarktkette erhöht den Pächtern die Miete und verlangt die Übernahme zusätzlicher Aufgaben, wie das Führen einer Käsetheke. 2001 entscheidet sich die Supermarktkette, ihre Vorkassenläden an einen anderen Bäcker zu verpachten. Auf einen Schlag laufen vier bis fünf Mietverträge aus und werden nicht mehr verlängert. Die Kalle-Bäckerei versucht, die Umsatzausfälle auszugleichen, übernimmt Läden von Bäckern, die ihr Geschäft aufgegeben haben. Aber diese Läden rentieren sich nicht, zugleich ist die Konkurrenz immer härter geworden.

Die Kalle-Bäckerei schreibt zwar noch schwarze Zahlen, aber es hapert mit der Liquidität. Die Riemanns arbeiten zunächst zusammen mit der Hausbank und einem Betriebsberater intensiv an der Sanierung. Auch die Mitarbeiter wollen helfen. Sie verzichten auf einen Teil des Gehalts. „Wir haben Zahlenwerke hin- und hergeschaufelt", erinnert sich Sabine Riemann. Unrentable Filialen werden geschlossen, die Rechnungen können kaum noch bezahlt werden. Die Lieferanten werden unruhig. „Wir hatten Telefonterror ohne Ende", berichtet Sabine Riemann. Im November 2003 signalisiert die Hausbank endlich eine befristete Weiterarbeit, zieht dann aber im Dezember 2003 die Reißleine. Das Ende mit Schrecken so kurz vor Weihnachten ist für die betroffenen Mitarbeiter besonders hart, zumal die Belegschaft schon für November kein Gehalt mehr bekommen hat.

Die Kalle-Bäckerei muss am 22. Dezember 2003 Insolvenz anmelden. „Meine Nervenstärke habe ich in der Insolvenzphase austesten können. In dieser Zeit ist mir ein dickes Fell gewachsen. So schrecklich die Insolvenz war, eigentlich war sie gut", meint Sabine Riemann im Rückblick.

Zunächst einmal ist die Familie geschockt. Trotz aller Schwierigkeiten hat sie die Insolvenz nicht erwartet. Aber niemand in der Familie denkt daran, aufzugeben. Alle wollen, dass es weitergeht, spielen eine ganz kleine Lösung in dem Ursprungsbetrieb des Großvaters durch. „Und wenn ich mich mit einem Tortenservice selbstständig gemacht hätte, ich hätte einen Neuanfang versucht", sagt Sabine Riemann.

Der Insolvenzverwalter zeigt sich sehr kooperativ, ermöglicht die Weiterführung des Betriebes. Sabine Riemann, die Anfang 2005 alleinige Inhaberin der Kalle-Bäckerei wird, kann die Bäckerei- und Geschäftseinrichtungen zu einem angemessenen Preis vom Insolvenzverwalter zurückkaufen und in Raten bezahlen. Die Familie hat ihr letztes Geld zusammengekratzt, Freunde geben Geld und die Bank gewährt für den Neustart einen Kredit. Die Mitarbeiter, die in den noch verbliebenen Supermarktfilialen beschäftigt sind, werden nach und nach von neuen Betreibern übernommen.

Trotz des Winterloches gelingt es den Riemanns, schwarze Zahlen zu schreiben. Sie analysieren, was vor der Insolvenz gut und was schlecht gelaufen ist und ziehen daraus ihre Schlüsse für die Neuausrichtung der Firma. Die Kalle-Bäckerei schrumpft sich von zwanzig auf heute zehn Filialen gesund, zieht sich aus den häufig unrentablen Vorkassenzonen der Supermärkte zurück und betreibt stattdessen Filialen an Supermärkten mit bäckereitypischen Öffnungszeiten, einer früheren Öffnungs- aber auch einer früheren Schlusszeit. Zugleich wird das Fahrgeschäft ausgebaut. Die Bäckerei fährt mit drei eigenen mobilen Verkaufsshops bis nach Hamburg auf Wochenmärkte und beliefert mit ihren Waren zwei selbstständige Backmobilfahrer. Sie verkauft auch wieder vorgefertigte Backwaren an die Gastronomie. Diese Waren werden in den Restaurants in speziellen Elektroöfen gebacken. Vor der Insolvenz haben die Kalle-Bäcker dies als Franchisenehmer gemacht, jetzt betreiben sie das Gastronomie-Geschäft in eigener Regie, beliefern Restaurants und Gasthäuser in ganz Schleswig-Holstein und einem Teil Niedersachsens. Seit der Insolvenz sind drei Filialen wieder hinzugekommen. In der Saison 2007 beschäftigt die Bäckerei 90 Mitarbeiter.

Entscheidungen, die den Betriebsablauf betreffen, fällt Sabine Riemann schnell, über die Eröffnung einer neuen Filiale denkt sie intensiv nach. „Wir wollen nicht mehr um jeden Preis wachsen. Die jetzige Größenordnung liegt uns." Vater Karl Riemann wird zwar um Rat gefragt, aber die geschäftlich wichtigen Entscheidungen trifft sie mit ihrem jüngeren Bruder Mark, einem gelernten Bäckermeister, der in der Kalle-Bäckerei mitarbeitet.

Karl Riemann, der 67-jährige Vater, hat sich in diesem Jahr rar gemacht. Er ist viel gereist, hat eine Operation hinter sich gebracht und seltener als früher im Betrieb vorbeigeschaut. Ist er in Marne, kommt er aber nach wie vor für ein halbes oder zwei Stündchen in die Firma, kümmert sich um backtechnische Probleme und macht die repräsentativen Auftritte für die Firma. Sie liegen ihm. Sabine Riemann selbst steht nicht gern im Scheinwerferlicht. Sie verfolgt ein klares Ziel, will zusammen mit ihrem Bruder die Kalle-Bäckerei zu einer Marke machen, um im Wettbewerb bestehen zu können. Eine von ihr in Auftrag gegebene Untersuchung hat ergeben, dass das Profil des Kalle-Bäckers trotz einiger bekannter Brotsorten wie der „Wattkruste", Keksen wie der „Schmoltnöt (Schmalznüsse)" und der „Deichgrafen-Marzipanrolle" (einer Kalorienbombe), noch nicht ausgeprägt genug ist. Um die Marke zu stärken, wird gerade das Dithmarscher Brötchen, ein geschmackvolles grobporiges Langzeit-Premium-Brötchen, entwickelt.

Der „Regulierungswahn" nervt Sabine Riemann, die Bürokratie kostet sie viel Zeit. Wichtig ist ihr, dass der Betrieb gut läuft, die Familie davon leben und sie ihre Unternehmertätigkeit gut mit der Familie, ihrem Mann und den beiden Zwillingssöhnen vereinbaren kann. Das ist eine Freiheit, die sie genießt. „Es wäre schon schön", meint sie, „wenn unsere Söhne das Unternehmen in fünfter Generation weiterführen würden."

Eigentlich zieht Sabine Riemann es vor, incognito zu leben. Als sie 2006 zur schleswig-holsteinischen Landessiegerin im Wettbewerb „Mutmacher der Nation" gekürt wird und die regionale Presse darüber berichtet, ist es mit dem Schattendasein vorbei. „Viele Leute haben sich mit mir gefreut. Das hat mir gut getan", sagt Sabine Riemann.

Selters statt Sekt

Der Stricknadelfabrikant Thomas Selter rettet in einem zehnjährigen Überlebenskampf seine Firma

„Es gibt für alles eine Lösung. Man muss sie nur finden."

Thomas Selter

Gustav Selter GmbH&Co KG

Das 1829 gegründete Unternehmen im sauerländischen Altena stellt Handarbeitsnadeln aus Messing, Aluminium, Stahl, Kunststoff und Bambus her. Es vertreibt zugleich technische Werbegeschenke wie

Werkzeugsets, Scheren, Messer und Trickartikel. Das Unternehmen beschäftigt rund 70 Mitarbeiter.

Hauptstr. 13-15
58762 Altena
Tel.: 02352 97810
Fax: 02352 75571
E-Mail: zentrale@selter.com
Internet: www.Selter.com und www.addi.de

Der Aufstieg vom Bootsanleger der Isla Taquile hinauf zum Dorf treibt den Besuchern den Schweiß auf die Stirn und raubt ihnen den Atem. Das 4.200 Meter hoch über dem Titicacasee gelegene Dorf ist nur über steile enge Pfade zu erreichen. Nicht nur der herrliche Blick über das Andenmeer lohnt den Kraftakt. Taquile wartet mit einer touristischen Attraktion auf. Es sind die strickenden Männer der Aymaras, eines indigenen südamerikanischen Volkes. Chullos, lange farbenprächtige Mützen, sind ihre Spezialität. Die strickenden Aymara-Männer wären ideale Werbebotschafter für Thomas Selter, den Stricknadelfabrikanten aus dem sauerländischen Altena. In dünner Luft zu leben, darauf versteht sich Thomas Selter. Viele Jahre kämpft er um sein Unternehmen. Nur stricken kann Selter nicht. Aber erklären kann er dafür umso besser, welche Vorteile seine leichten schnellen Rundstricknadeln haben.

Selter versteht sich auf PR und Werbung. Schließlich vertreibt er auch technische Werbeartikel, war Präsident des Bundesverbandes der Werbeartikellieferanten und amtiert als Präsident des Marketingclubs Südwestfalen. Selter behauptet nicht, seine Addi-Nadeln seien der Mercedes unter den Nadeln. Er lässt lediglich in das Gespräch einfließen, eine kanadische Zeitschrift habe seine Nadeln den Rolls Royce unter den Nadeln genannt und in Amerika seien sie gerade mit Cadillacs verglichen worden. Er selbst heiße in den USA nur Mr. Addi, müsse Verpackungen seiner Rundstricknadeln signieren, bekäme Mails und Blogs voller Begeisterung. Der Addi-Kult scheint die Frauen jenseits des Atlantiks in Ekstase zu versetzen.

Seine Nadeln liefert Selter in alle Welt. Nur bis Taquile haben es die Addi-Expressnadeln noch nicht geschafft. Addi heißen die Nadeln nach dem Vornamen seines Vaters, Gustav Adolf Selter. Von ihm hat Thomas Selter die Stricknadelproduktion 1971 übernommen, mit der 1829 einer seiner Vorfahren begonnnen hat.

Sucht Thomas Selter nach seinen unternehmerischen Wurzeln, findet er sie bei „Opa Eugen", seinem Großvater väterlicherseits. Jedenfalls hat die Großmutter immer wieder gesagt, er sei wie „Opa Eugen". Aber richtig ernst nimmt Selter diese Vererbungstheorie nicht. Er meint, alle Anlagen würden vererbt. Es komme dann auf die Erziehung und die Lebensumstände an, welche Anlagen dominant werden.

Thomas Selters Mutter arbeitet schon in den vierziger Jahren in der Firma mit. Sie erhält das Unternehmen in den Kriegsjahren, während der Vater in Russland kämpft, unter extremen Bedingungen am Leben und baut es aus. Sie ist Thomas Selters unternehmerisches Vorbild. Es ist auch die Mutter, die Thomas Selter und seine Schwester erzieht. Sie fördert früh die Selbstständigkeit der Kinder, zieht zwar klare Grenzen, aber gibt die Zügel frei. „Ihr müsst schon selbst wissen, was ihr tut", sagt sie den Kindern.

Eigentlich soll Thomas Selter Klavierspielen lernen. Aber er zieht das Schlagzeug vor. Die Eltern kaufen ihm das Schlagzeug, nachdem er versprochen hat, mindestens ein Jahr lang mit seinen Freunden in einer Band zu spielen. Er gründet die „Blue Sharks". Die blauen Haie üben im Keller des elterlichen Hauses. Drei, vier Jahre sind die Freunde zusammen, stecken das mit den Auftritten verdiente Geld immer wieder in neue Verstärker und eine bessere Ausrüstung. Erst nach dem Abitur löst sich die Band auf.

Die Liebe zur Musik hat Selter nicht verloren. Auf Partys setzt er sich manchmal zu später Stunde an das Schlagzeug und heizt die Stimmung auf. Noch heute steht ein Schlagzeug im Haus. Wenn er tief gefrustet oder in Hochstimmung ist, streift er sich die Kopfhörer über und spielt Rock-Pop der siebziger Jahre. Schlagzeug zu spielen passt gut zu dem homo politicus Thomas Selter, seinen Feldzügen gegen die Bürokratie, gegen den Steuerstaat und das verkrustete deutsche Arbeitsrecht. Manche Talkshow hat der ehemalige Bundesvorsitzende der Jungen Unternehmer mit einem rhetorischen Trommelwirbel aufgemischt. Gewerkschafter, mit denen er streitet, parieren seine Attacken mit dem Bonmot „Selter sprudelt wieder". Ein stilles Wasser ist Selter auch mit fast sechzig Jahren noch nicht.

Beim Berlin-Marathon und dem New York-Marathon hat er nicht nur seine Kondition getestet, sondern auch über sich selbst nachgedacht. Für manches Problem, das ihn im Hinterkopf beschäftigt, hat er beim Marathonlaufen eine Lösung gefunden. Selter führt diesen Effekt darauf zurück, dass der Ausdauersport dem Gehirn mehr Sauerstoff zuführt. „Geht nicht, gibt's nicht. So geht's nicht, das gibt's", seien zwar nicht seine Sätze, aber seine unternehmerische Praxis. „Es gibt für alles eine Lösung. Das ist meine Erfahrung. Man muss sie nur finden", sagt Selter.

Für große Entscheidungen nimmt sich Selter Zeit, sammelt zuvor Informationen. Aber wenn es sein muss, entscheidet er schnell, mit hohem Risiko: „Je weniger Informationen man hat, desto höher ist das Risiko." Dann hilft ihm der Bauch beim Denken. „Jede Entscheidung, die die Zukunft betrifft, ist mit Unsicherheit behaftet. Diese Unsicherheit ist auch durch bestes mathematisches, vernunftmäßiges Handeln nicht völlig zu beseitigen. Je mehr Erfahrung man hat, desto sicherer kann man aus dem Gefühl heraus entscheiden."

Ganz wichtig sei es, gefällte Entscheidungen um- und durchzusetzen. „Man muss das Glück haben, dass sich 51 Prozent der Entscheidungen, die man getroffen hat, als richtig erweisen."

Schon als Stöpsel hilft Selter in der Firma, fegt das Papier auf dem Hof zusammen und verbrennt es. Damit verdient er das Geld für ein Fernlenkauto. Beträge für die Erfüllung größerer Wünsche muss er hart erarbeiten. Er jobbt in den Ferien im elterlichen Betrieb und lernt, dass Lehrjahre keine Herrenjahre sind. Der Betriebsleiter weist ihm schwierige und schmutzige Arbeiten zu. Selter steht an der Schauerbank, wo Nadeln poliert und aus einer ekligen schwarzen Masse herausgeholt werden müssen. Er sitzt an Maschinen und denkt während der eintönigen Arbeit über eine Verbesserung des Herstellungsprozesses nach. Er muss Häkelnadeln entwirren, die sich zu Nestern verhakt haben. Das ist eine Strafarbeit und gefährlich dazu. Sie kann, wenn sich die winzigen Nadelspitzen ins Fleisch bohren, zu schmerzhaften Verletzungen führen. „Jugendschutz gibt es bei Unternehmerkindern nicht", meint Selter. Für seinen bescheidenen Stundenlohn muss er genauso hart arbeiten wie andere Mitarbeiter.

Seine Eltern sagen zwar, er könne nach dem Abitur machen, was er wolle. Aber Selter weiß, die Eltern erwarten, dass er die Firma weiterführt. Sie haben das uneingeschränkte Vertrauen, dass ihr Sohn es schafft, die Firma erfolgreich zu leiten. Auch für Thomas Selter selbst läuft alles auf die Nachfolge hinaus. Er bereitet sich darauf vor, studiert Betriebswirtschaft und macht ein Praktikum bei einem Steuerberater. Nach dem Diplom kommt er mit 23 Jahren in die Firma. Der Vater zieht sich mit Ende Fünfzig nach nur zehn Monaten gemeinsamer Arbeit mit seinem Sohn aus dem operativen Geschäft zurück. Mit 24 Jahren trägt Thomas Selter die Verantwortung für das Unternehmen, die Mitarbeiter und deren Familien und für die Familie Selter. Er spürt eine tonnenschwere Last auf den Schultern, leidet darunter. Die Firma muss auch den Lebensunterhalt für die Eltern verdienen. „Manchmal hatte ich Bleifüße, wenn ich in die Firma kam", erinnert sich Selter.

Er sorgt sich, einige falsche Entscheidungen zu treffen, damit das Unternehmen und die Arbeitsplätze aufs Spiel zu setzen. Familienunternehmer haben tiefe Wurzeln in ihrer Region. Sie sind in kleineren Städten und Kommunen wichtige Arbeitgeber. Die Gefahr zu scheitern und dann ein für allemal unten durch zu sein, bedrückt ihn. Er hält eine solche Reaktion zwar für eine deutsche Unkultur, weiß aber, dass die Entwicklung einer Kultur der zweiten Chance, wie es sie in den USA gibt, in Deutschland eine lange Zeit braucht.

Es wäre besser gewesen, sagt Selter im Rückblick auf den für ihn frühen Generationswechsel, er wäre vor der Übernahme der Verantwortung in einem oder zwei anderen Unternehmen gewesen, um Möglichkeiten zu sehen. „Ich musste alles selbst schaffen und habe auch alle Fehler gemacht, die man machen konnte."

An die Existenz eines Unternehmer-Codes glaubt er nicht. Dafür seien die Unternehmer, die er kenne, viel zu unterschiedlich gestrickt. Auch könne man nicht endgütig beurteilen, ob das Unternehmerische genetisch bedingt oder das Ergebnis der Erziehung sei. Läge es in den Genen, würden wohl kaum etliche Unternehmerkinder sagen, sie wollten auf keinen Fall Unternehmer werden. Der Unternehmer brauche aber sicherlich als Fundament eine Mischung aus Eigenschaften wie Entscheidungsfreude, Risikofreude, Leistungsbereitschaft, Zahlenverständnis und ein Basiswissen aus vielen Bereichen. Die Finanzen sind nach seiner Einschätzung nicht gerade seine Stärke, er sei eher im Marketing und der Produktentwicklung gut.

Selter sagt von sich, er habe den unbedingten Willen, Lösungen zu finden. Das müsse ein Unternehmer können. Probleme zu lösen erfordert für ihn viele der Eigenschaften, die Unternehmern zugeschrieben werden, auch die Riskoneigung. „Wir standen vor 20 Jahren am Abgrund, weil uns innerhalb von zwei Jahren weltweit die Märkte weggebrochen sind." Die Nadelproduzenten-Branche stürzt bereits 1985 ab, 1986 trifft es auch die Gustav Selter GmbH, 50 Prozent des Nadelumsatzes fehlen plötzlich. Für einen Produktionsbetrieb ist das eigentlich tödlich.

Krisenerprobt ist Selter damals nicht. In den vierzehn Jahren zuvor, in denen er die Firma geleitet hat, ist es immer nur bergauf gegangen. Mit Talfahrten kennt er sich nicht aus. Zunächst denkt er, es sei nur eine Umsatzdelle. Nach einem Jahr, die Delle ist inzwischen ziemlich lang geworden, hofft er noch, es werde bald wieder aufwärts gehen. Als es nach zwei Jahren immer noch tiefer geht, zieht Selter die Notbremse.

Er beschäftigt damals zwischen 60 und 70 Mitarbeiter, nun muss er Personal abbauen. Das geht nicht nur mit Vorruhestandsregelungen. Einmal entlässt er auf einen Schlag fünf seiner Mitarbeiter. Er führt das Gespräch selbst, eines der schrecklichsten Gespräche, die er in seinem Leben geführt habe, erinnert sich Selter. Den Mitarbeitern stehen die Tränen in den Augen. Selter ist selbst zum Heulen, aber er muss den Mitarbeitern klarmachen, dass die Firma ihre Kosten nicht mehr tragen könne. In kleinen mittelständischen Betrieben, in denen jeder jeden kennt, tun sich Inhaber mit unangenehmen Personalentscheidungen besonders schwer.

Selter kann eigentlich immer gut schlafen, aber in den Krisenjahren kommt er nachts kaum zur Ruhe. Er wacht mitten in der Nacht voller Sorgen auf. Unter der extremen Belastung leidet seine Ehe.

Selter versucht, mit der Gewerkschaft flexiblere Lösungen zu finden, übertarifliche Zahlungen zu streichen. Dabei spielt die Gewerkschaft nicht mit. Selter steigt aus dem Arbeitgeberverband aus. Das Weitergelten des Tarifvertrages aufgrund der Nachwirkung der Tarifverträge reklamiert niemand, der Wegfall der Tarifbindung wird akzeptiert. Die Belegschaft stimmt einer Senkung der Löhne um acht Prozent zu, um die Arbeitsplätze zu erhalten. Alle Mitarbeiter, die von der Lohnsenkung betroffen sind, kommen in ein Gewinnbeteiligungssystem. Wenn es der Firma wieder besser geht, sollen auch sie an den Erträgen partizipieren. Heute sind es bis zu zwei, drei Monatsgehälter, die als Gewinnbeteiligung verteilt werden. Seit es bei Selter keine Tarifbindung mehr gibt, handeln der Chef und die Mitarbeiter selbst die Löhne aus. Thomas Selter zahlt lieber höhere gewinnabhängige Einmalleistungen als dauerhaft bindende Tabellenlöhne. Bei Selter gibt es auch ein eigenes Lohnfortzahlungssystem mit einer anwesenheitsabhängigen Bonus-Malus-Regelung und einen nur 28- statt 30-tägigen Urlaub im Tausch gegen eine höhere Lohnanhebung. Gutstunden können allerdings in zusätzlichen Urlaub umgewandelt werden.

Selter ist froh über die Bereitschaft seiner Mitarbeiter, selbst ein wenig mit ins Risiko zu gehen. Die Monatsgespräche, bei denen er auch über die Unternehmensentwicklung berichtet, haben dazu beigetragen, dass die Mitarbeiter unternehmerisch denken.

Die Krise bei Selter in den neunziger Jahren ist heftig. „Wir haben gelitten und gelitten, wir haben fast zehn Jahre am seidenen Faden gegangen. Wir haben mit den Banken verhandelt, Haus und Hof als Sicherheit hergegeben." Selter ist in dieser schweren Zeit froh, dass er einen Beirat hat.

Die Mitarbeiter helfen mit, die Firma aus der Krise zu führen, arbeiten eine Zeitlang ohne Lohnausgleich 40 statt 37,5 Stunden in der Woche, verzichten auf das Weihnachtsgeld, bekommen es aber später nachbezahlt. An einer Personalreduzierung führt dennoch kein Weg vorbei. Die

Zahl der Mitarbeiter sinkt auf 27. Entscheidend für die Banken ist die Tradition der Familie gewesen, mit dem privaten Vermögen einzustehen. „Das hat die Banken bewogen, auch weiter mit uns zu gehen. Mit der heutigen, durch Basel II geprägten Einstellung der Banken, gäbe es die Firma Selter nicht mehr", meint Thomas Selter. Die Zinslast ist für das mittelständische Unternehmen gewaltig, in den schlimmsten Jahren beträgt sie drei Prozent vom Umsatz. Selter fügt schnell hinzu, alle Zinsen seien pünktlich bezahlt und alle Kredite zurückgezahlt worden. „Heute haben wir ein super Rating." Nach und nach geht es der Firma immer etwas besser, macht sie wieder Gewinne. Heute gibt es rund 70 sozialversicherungspflichtige Beschäftigungsverhältnisse, darunter sind Teilzeitkräfte und Heimarbeiter. Angesichts der schneller werdenden Märkte und des starrer werdenden Arbeitsrechtes will Selter unbedingt personalpolitisch flexibel bleiben. Dadurch glaubt er, in schlechten Zeiten schneller reagieren zu können.

Die noch von Thomas Selters Eltern, insbesondere von seinem Vater, direkt nach dem Krieg begonnene Diversifizierung in den Werkzeugbereich und der spätere Einstieg in den Vertrieb von technischen Werbeartikeln erweisen sich als segensreich. Mal kompensieren die Werbeartikel Rückgänge im Nadelgeschäft, mal gleichen die Nadeln auch eine schlechtere Auftragsentwicklung bei Werbeartikeln aus. Auf lange Sicht tragen beide Bereiche je zur Hälfte zum Gesamtumsatz bei. Die Gustav-Selter GmbH ist bei technischen Werbeartikeln und Trickartikeln zwar nur ein Nischenanbieter, fühlt sich aber in der Nische wohl. Werkzeug wird immer mal wieder in die Hand genommen und weckt dann über Jahre die Erinnerung des Hand- oder Heimwerkers an die Werbung treibende Firma.

In den Jahren 1999/2000 kommt das Stricken weltweit wieder in Mode. Die in den USA gestartete Aktion „Warming up America" trägt dazu bei. Kleine gestrickte Wollteilchen, zu Decken zusammengenäht, sollen Amerikas Arme wärmen. Die Aktion macht das Stricken wieder sympathisch und hilft der Branche weltweit enorm. Selter: „Heute stricken in den USA mehr als 50 Millionen Frauen."

Thomas Selter hat Spaß am Unternehmertum. Besonders natürlich seit die Firma wieder gut läuft. Dieser Spaß treibt ihn. Er schätzt die Handlungs- und Entscheidungsspielräume des Unternehmers, führt gern Kundengespräche und will die besten Nadeln der Welt herstellen. Er sieht dieses Ziel als erreicht an und will die Position halten und ausbauen.

Als einen Workaholic betrachtet er sich nicht. Im Grunde seiner Seele sei er ein fauler Mensch, sagt Selter über sich. Das habe auch Vorteile. „Meine Mitarbeiter haben dadurch große Handlungsspielräume." Er könne auch in kurzer Zeit abschalten, freue sich auf seine Urlaube. Aber ein elf- bis zwölfstündiger Arbeitstag ist für ihn normal, manchmal wird es auch länger. Da er zugleich der einzige Außendienstler und Produktentwickler seiner Firma ist, reist Selter viel.

An seine eigene Nachfolge hat Selter bereits vor dem Sechzigsten gedacht. Er hat mit seinen vier Töchtern verabredet, dass die älteste Tochter irgendwann die Firma übernimmt. Sie durchläuft gerade jene Phase der Drittbewährung bei anderen Firmen, die Selter für sich selbst vermisst hat.

Freiheit und Flexibilität, die ihm als Unternehmer wichtig sind, sieht er in Deutschland nicht gut aufgehoben. Statt die Erbschaftsteuer abzuschaffen, werde an einer irrwitzig komplizierten Lösung gestrickt. Um für Freiheit und Flexibilität der Unternehmen zu sorgen, müsste es eigentlich ein Ministerium geben, meint Selter, das nur diese Aufgabe habe. Selter hat das Gefühl, die Bürokratie habe Angst vor Freiheit und Flexibilität. Trotz heiliger Schwüre habe die Überregulierung nicht abgenommen sondern zugenommen. Selter: „Das verleidet uns Unternehmern den Spaß und ist Gift für das Unternehmertum in Deutschland."

Der erste Diener der Familienfirma Miele

Dr. Reinhard Zinkann, geschäftsführender Gesellschafter der Miele & Cie. KG – das Vorbild des Vaters prägt

„Der Unternehmer will gewinnen."

Reinhard Zinkann jun.

Miele & Cie KG

Miele fertigt neben Haushaltsgroßgeräten wie Waschmaschinen, Trocknern, Geschirrspülern, Herden, Backöfen, Kochfeldern, Dampfgarern und Dunstabzugshauben auch Staubsauger sowie Geräte für Gewerbe, Arztpraxen und Kliniken. Der Jahresumsatz 2006/2007

(30.06.) belief sich auf 2,74 Milliarden Euro mit einem Auslandsanteil von 72 Prozent. Miele unterhält ein weltweites Vertriebsnetz mit eigenen Gesellschaften in 38 Ländern und beschäftigt rund 16.000 Mitarbeiterinnen und Mitarbeiter. „Immer besser" war das Motto der Firmengründer. Es ist auch heute noch die gültige Firmenphilosophie.

Carl-Miele-Str. 29
33332 Gütersloh
Tel.: 05241890
Fax: 05241890
E-Mail: info@miele.de
Internet: www.Miele.de

Ein leuchtend roter Oldtimer zieht die Blicke der Besucher des Miele-Museums auf sich. Alte Haushaltsgeräte hätten die Gäste hier erwartet, aber keine Fahrräder mit und ohne Hilfsmotor, keine Mopeds und erst recht kein Automobil wie den offenen Viersitzer. Er ist Blickfang und Schmuckstück des Museums. Als Carl Miele und Reinhard Zinkann 1899 Miele & Cie gründen, denken sie nicht an den Bau von Automobilen, sondern an Milchzentrifugen, Buttermaschinen und bald auch an eine Holzbottichwaschmaschine. Mit dem Bau dieser Geräte haben die beiden Jungunternehmer so viel Erfolg, dass die Mitarbeiterzahl schnell von zunächst elf auf 70 steigt und sich bis 1907 mehr als verdoppelt.

Der technische und wirtschaftliche Erfolg mit Haushaltsgeräten macht den Gründern Mut, auch Automobile zu bauen. Die Zeit der Motorisierung ist angebrochen. Mehrere Unternehmen in Deutschland wagen sich auf das Gebiet des Automobilbaus. Carl Miele und Reinhard Zinkann reizt es, ihre Erfahrungen im Bau von Präzisionsmaschinen für den Automobilbau zu nutzen. Sie finden für die Entwicklung und Produktion der Miele-Automobile einen erfahrenen Ingenieur. Von 1912 bis 1914 baut das Unternehmen 125 Zwei- und Viersitzer, die nach den halboffenen Kutschen genannten Landaulets, Limousinen, Geschäfts- und Lieferwagen. Aber sie geben die Produktion schnell wieder auf, erkennen, dass der Automobilbau riesige Summen für Forschung, Entwicklung und für die Beschäftigung spezialisierter Ingenieure erfordert, viel Geld, das ihnen für die Entwicklung Mieles zum Premium-Haushaltsgerätehersteller fehlen würde. Spitzenprodukte in Qualität und Service anzubieten ist der Anspruch, mit dem die Miele-Gründer 1899 angetreten sind. Das Qualitätsversprechen „Immer besser" und die selbstbewusste Inschrift „Beste deutsche Waschmaschine" finden sich schon auf der ersten Miele-Holzbottichwaschmaschine aus dem Jahr 1900. Das Modell trägt den Namen der griechischen Göttin Hera.

Erhalten geblieben aus der Automobil-Episode der Miele-Geschichte ist nur das Ausstellungsstück im Museum. Die Enkel der Gründer fahnden lange nach den Wagen, deren Spur sich nach dem Zweiten Weltkrieg verloren hat. Ein „Steckbrief" verspricht für Hinweise, die zur Entdeckung eines Miele-Autos führen, eine Belohnung von 5.000 D-Mark. Ein deutscher Urlauber hat Glück, er findet den Viersitzer in dem Schuppen eines norwegischen Old-Timer-Sammlers. Dieser verkauft den Pkw 1996 an Miele.

Reich bestückt ist das Firmenmuseum außer mit Haushaltsgeräten mit Miele-Fahrrädern und motorisierten Zweirädern. Von 1924 bis 1960 baut Miele auch Zweiräder. Reinhard Zinkann, Urenkel eines der beiden Firmengründer, besitzt einige dieser Nostalgieräder. Er hat Spaß daran, an schönen Tagen mit ihnen durch die schönen Landschaften Westfalens zu fahren.

Zu Beginn der sechziger Jahre des 20. Jahrhunderts fokussieren Rudolf Miele und Reinhard Zinkanns Vater Peter Christian Zinkann die Miele-Produktionspalette auf das Kerngeschäftsfeld – auf die Haushaltsgeräte. Mit ihnen wird das Gütersloher Familienunternehmen zu einem Weltunternehmen. 2007 beschäftigt es knapp 16.000 Mitarbeiter und erzielt einen Umsatz von 2,7 Milliarden Euro. Die Gründer, Carl Miele und Reinhard Zinkann, haben Mieles Siegeszug vorausgesehen. Sie schreiben schon Anfang des Jahres 1900 keck auf das Etikett einer Miele-Buttermaschine „Die Weltmarke".

Dr. Reinhard Zinkann jun., der Urenkel eines der beiden Gründer, führt seit 1999 zusammen mit seinem Partner Markus Miele und drei externen Geschäftsführern das Traditionsunternehmen in vierter Generation. Er betont zwar seine Bodenständigkeit, aber der hoch gewachsene sportliche

Mann im grauen Zweireiher verbreitet ein weltmännisches Flair. Er spricht drei Fremdsprachen – Englisch, Französisch und Italienisch – und macht sich einen Spaß daraus, in den alemannischen Dialekt zu verfallen. Den hat Reinhard Zinkann junior auf dem Internat Schloss Salem unweit des Bodensees gelernt.

Mit zehn Jahren wechselt er von Gütersloh auf das Internat und macht dort sein Abitur. Zinkanns Salemer Lehrer und Mentor Dr. Bernhard Bueb beschreibt die wichtige Rolle der Erziehung und die Prägung durch Vorbilder in seinem Buch „Lob der Disziplin" so: „Unternehmerkinder haben die einmalige Chance, an den Vorbildern ihrer Eltern zu wachsen und sich durch frühe Teilnahme an den Geschicken der Firma eine Haltung der Verantwortung anzueignen, also das Unternehmen als Verpflichtung und nicht primär als Quelle persönlichen Reichtums anzunehmen." Selbstdisziplin und Verantwortung in der Gemeinschaft zu übernehmen, lernt Zinkann in Salem.

Die Frage, ob die Zinkanns geborene Unternehmer seien, beantwortet der Spross der einen Miele-Familiendynastie mit einem knappen „nein". Der Buchtitel gehe davon aus, dass es so etwas wie einen Unternehmer-Code oder den typischen Unternehmer gäbe. Aber seine Erfahrung spreche eher für das Gegenteil, argumentiert Zinkann. Beim selbstständigen Unternehmer gebe es noch weniger die typische Unternehmerpersönlichkeit als bei Vorstandsmitgliedern börsennotierter Aktiengesellschaften. Gründerunternehmer und Familienunternehmer, die sich einer Familientradition in dritter, vierter und fünfter Generation verpflichtet fühlten, brächten ganz unterschiedliche Voraussetzungen und Motivationen mit sich.

Für Reinhard Zinkann zeichnet es Unternehmer aus, gewinnen zu wollen. „Gewinnen kann ich nur, wenn ich mir die Latte selber immer wieder höher lege", fügt er hinzu. Wer motivieren und erfolgreich gestalten wolle, müsse die eigene Begeisterung auf Mitarbeiter und Kunden übertragen. Die Begeisterung für das eigene Unternehmen sei das gemeinsame Kennzeichen aller Unternehmer. Zinkann zitiert gern und nimmt Hegel zum Kronzeugen. Dieser habe gesagt, ohne Begeisterung sei nichts wirklich Großes auf der Welt vollbracht worden.

Der Funke der Begeisterung springt von seinem Vater Peter Zinkann auf Reinhard Zinkann schon im jugendlichen Alter über. Ihn beeindruckt, mit welcher Begeisterung sein Vater und sein Großvater von der Firma sprechen, von den Menschen und den Produkten, wie sie durchdrungen sind von dem Bewusstsein der Verantwortung und Verpflichtung. „Die Kollegen sind begeistert von den Miele-Produkten, von dem Unternehmen, seinen Werten, der Qualität und Langlebigkeit seiner Produkte. Das spüren auch unsere Kunden." Reinhard Zinkann sagt das so überzeugend, dass der Gedanke einer geschickten PR-und Marketingstrategie gar nicht erst aufkommt.

Als Jugendlicher schaut er sich in der Fabrik um, redet mit den Meistern und anderen Mitarbeitern. Mit fünfzehn Jahren begleitet er seinen Vater auf einer Reise nach Süddeutschland zu Vertriebszentren und Verkaufsgesellschaften. Reinhard Zinkann erkennt, was den Vater antreibt. Er bemerkt auch, wie stark sich die Mitarbeiter mit Miele identifizieren.

Der Vater weckt die Begeisterung in seinem Sohn, aber drängt ihn nicht, in seine Fußstapfen zu treten. Reinhard Zinkann darf seine Träume leben. Ein solcher Traum ist für Zinkann, Marineoffizier zu werden, er entscheidet sich aber anders. Reinhard Zinkann interessiert sich wie Zinkann-Generationen vor ihm stark für die Geisteswissenschaften. Der Vater lässt ihn neben Betriebswirtschaft auch Geschichte, Philosophie und Musik studieren. Auf das Studium in Freiburg und an der Havard Universität in Boston folgt das Studium in Köln. Hier macht Zinkann sein Examen als Diplomkaufmann. Lange hält sich Zinkann offen, was er nach dem Studium machen will. Das sei gewiss nicht leicht für seinen Vater gewesen, meint Zinkann, aber sein Vater habe niemals etwas dazu gesagt. Als er mit 26 Jahren mit den Studien fertig ist, sprechen Vater und Sohn darüber, was der Junior weiter machen sollte. Der Vater rät ihm, in Betriebswirtschaft zu promovieren. Reinhard Zinkann folgt der Empfehlung. Das Dissertationsthema ist die Produkthaftung, auch für Miele ein hochaktuelles Thema. Zinkann bearbeitet es im Intercitytempo, nach drei Semestern promoviert er an der TU-Berlin zum Dr. rer. oec.

Aber Zinkann ist sich sicher, sein Vater hätte es auch akzeptiert, wenn er bei der Bundeswehr geblieben oder Geschichtslehrer oder Professor geworden wäre. Denn sein Vater habe ihm gesagt, er könne nur erfolgreich werden, wenn er das, was er mache, mit vollem Herzen tue und bereit sei, auch dafür den Preis zu zahlen.

Während der Promotion reift in Zinkann Junior der Entschluss, später einmal nach Gütersloh zurückzukehren, aber das wann und wie bleibt offen. Einen Nachfolgeautomatismus für Firmenerben gibt es bei Miele nicht. Die Verantwortung sei viel zu groß, um die Nachfolge nur nach dynastischen Prinzipien zu regeln, es müsse ein gestuftes Verfahren mit einem Befähigungsnachweis geben, erläutert Zinkann. Ein Verhaltenskodex regelt das Procedere. Bevor sich Familienmitglieder für eine Tätigkeit bei Miele bewerben dürfen, müssen sie die Hürden überwinden, die der Kodex errichtet. Dieser schreibt vor, dass man ein verwendungsnahes Studium in angemessen kurzer Zeit mit möglichst einem Prädikatsexamen abgeschlossen haben muss. Auch muss man in einem anderen Unternehmen zeigen, dass man Führungsfunktionen ausüben kann. Hat man dies nachgewiesen, folgt der Check in einem eintägigen Assessment-Center mit Headhuntern, die der Gesellschafterausschuss ausgesucht hat. Diese schreiben dann ein Gutachten mit einer Empfehlung für den Gesellschafterausschuss.

Die beiden voll gleichberechtigten, nicht miteinander verwandten Miele-Stämme mit mehr als 60 Anteilseignern wissen, dass sie nur miteinander erfolgreich sein können. Um erst gar keinen Streit aufkommen zu lassen, haben sie sich auf solche rationalen Verfahren verständigt. Im Gesellschaftervertrag ist auch genau festgehalten, wie viel vom Gewinn ausgeschüttet und wie viel thesauriert wird. Es führt dazu, dass die Hälfte des Gewinns nach Steuern thesauriert werden muss. Im Büro des Firmengründers Carl Miele hängt ein Schild mit der Aufschrift: „Friede ernährt, Unfriede verzehrt".

Zinkann bewährt sich vor seinem Eintritt bei Miele im Jahr 1992 drei Jahre bei BMW im Vertrieb. Er ist für einen Teil des Inlandsvertriebs zuständig. Dort lernt er auch Eberhard von Kuenheim kennen und schätzen. Von Kuenheim ist, wie er selbst, Salem-Schüler. Im Rückblick sagt Zinkann, die Jahre bei BMW seien eine glückliche und prägende Zeit gewesen, er habe unglaublich viel gelernt.

Nach einer Einarbeitungsphase bei Miele übernimmt Zinkann zunächst den Vertrieb und später die Leitung der Miele Tochterfirma Imperial, einem Produzenten von Herden, Kochfeldern und Einbaugeräten für den Küchenfachhandel. Er führte das Unternehmen alleinverantwortlich, stimmt aber wichtige Entscheidungen mit den damaligen geschäftsführenden Gesellschaftern, Rudolf Miele und seinem Vater Peter Christian Zinkann ab. Von dem Vier-Augenprinzp in der Geschäftsführung verabschiedet sich Miele 1995. Das Unternehmen ist für eine Zweier-Geschäftsführung zu groß geworden.

Fünf Jahre, von 1999 bis 2004, arbeitet Reinhard Zinkann mit seinem Seniorpartner Rudolf Miele und seinem Vater Peter Zinkann gemeinsam in der Geschäftsführung. Es habe in dieser Zeit nie Schwierigkeiten gegeben. „Wir haben bei Miele das große Glück, dass es in dieser Familienfirma keine Zwistigkeiten und Machtkämpfe gibt." Schon bei vorangegangenen Generationswechseln hat es einen fließenden Übergang in der Verantwortung gegeben. So ist es auch, als Reinhard Zinkann seinem Vater folgt. Die heute fünfköpfige Geschäftsführung, der außer drei Fremdmanagern die Eigentümerunternehmer Markus Miele und Reinhard Zinkann angehören, versteht sich als Kollegialorgan, trifft alle wesentlichen Entscheidungen gemeinsam und einstimmig.

Die Arbeitsschwerpunkte der beiden geschäftsführenden Gesellschafter ergänzen sich. Der Kaufmann Reinhard Zinkann hat ihn im Vertrieb, der Ingenieur Markus Miele in der Technik. Die beiden Partner verstehen sich gut, teilen die gleichen Ansichten. Sie wissen, dass eine gute Partnerschaft gegenseitige Achtung und Toleranz erfordert und die Bereitschaft, sich zurückzunehmen und von Eitelkeiten frei zu machen. „Wenn dies gelebt wird, steht dem Erfolg nichts im Wege. Außerdem ist der Überzeugungszwang heilsam, denn aus eigener Machtvollkommenheit kann keiner etwas entscheiden", erläutert Zinkann. Im Gesellschaftervertrag ist festgehalten, dass keiner der beiden Stämme den anderen überstimmen kann, auch wenn 51 Prozent des Kapitals bei den Mieles und 49 Prozent bei den Zinkanns liegen.

Reinhard Zinkann sieht sich den Prinzipien einer dem Unternehmen und ihren Mitarbeitern dienenden Führung verpflichtet. Auch dafür hat er ein treffendes Zitat zur Hand. Es stammt aus den persönlichen Testamenten Friedrich des Großen: „Es ist die Pflicht jeden guten Staatsbürgers, seinem Vaterland zu dienen und sich bewusst zu machen, dass er nicht allein auf der Welt ist, sondern zum Wohl der Gesellschaft beizutragen hat."

Zinkann jun. will eine Atmosphäre des Vertrauens schaffen. Er will der Verantwortung und Herausforderung gerecht werden, das Erbe der Vorväter für die nächste Generation zu bewahren und zu mehren. In der Langfristigkeit des Denkens und Handelns liegt für ihn die große Chance von Familienunternehmern. Die Kontinuität schaffe die Möglichkeit für Kunden und Mitarbeiter, sich mit einem Unternehmen und den Unternehmern an seiner Spitze zu identifizieren. Das setzt für ihn aber voraus, dass ein Familienunternehmer selbst Vorbild ist.

Wie wichtig diese Vorbildrolle ist, hat Reinhard Zinkann jun. durch das Vorbild seines Vaters und Großvaters gelernt. „In meiner Familie haben wir das Glück, dass jeweils Vater und Sohn nicht nur ein sehr gutes persönliches Verhältnis zueinander, sondern auch gern zusammengearbeitet haben." Beide Großväter hätten ihn neben dem Vater stark geprägt und seien wie sein Vater Vorbilder gewesen.

Zinkann sagt mit einer Mischung aus Respekt, Anerkennung und Liebe: „Ich verehre meinen Vater für seine Lebensleistung, für seine unglaublich tiefen Kenntnisse und seinen Rat. Und ich liebe ihn zugleich als Vater. Er war in der Freiheit, die er mir eingeräumt und in der Toleranz, die er mir gegenüber geübt hat, ein phantastischer Vater. Ich freue mich immer, wenn er seinen Kopf in mein Büro steckt." Dann diskutiert der Mitvierziger mit seinem Vater, der 2008 80 Jahre alt wird. Der Senior sagt nie zum Junior, er müsse dies so und nicht anders machen. Sein Rat kommt subtil daher. Peter Christian Zinkann gibt dann zu bedenken, man könnte das auch so sehen oder er fände das vielleicht etwas besser, nie ohne zu betonen, dass sein Sohn die Sache entscheiden müsse. Der entscheidet dann auch, manchmal nach des Vaters Empfehlung, manchmal gegen sie.

Natürlich werfe ein überragender Vater einen großen Schatten, aber sein Vater habe genug Licht gelassen, dass er sich entwickeln und als eigener Baum wachsen konnte. Er sei anders als sein Vater, sagt Reinhard Zinkann, er habe andere Stärken.

Die Mieles und Zinkanns geben ihren Mitarbeitern das Gefühl persönlicher Wertschätzung. Dazu zählen der persönlich unterschriebene Brief bei runden Geburtstagen, Hochzeiten und Trauerfällen, die zweimal jährlich stattfindende Jubilarehrung, das gemeinsame Essen in der Kantine. Sie lassen die Mitarbeiter nicht kommen, sondern gehen in ihr Büro, wenn sie sie sprechen wollen. Das zahlt sich aus. Die Mitarbeiterfluktuation ist gleich null. Die Büros der Mitarbeiter unterscheiden sich von den eigenen kaum. Alle sind buchstäblich gläsern. Seit der Gründerzeit ist das so. Transparenz gehört zur Miele-Firmenkultur. Zinkann: „Wir definieren uns nicht über Hierarchien, über den Status. Wir sehen uns als gemeinsam erfolgreich oder nicht erfolgreich. Wir sehen uns gemeinsam in der Verantwortung." Die Transparenz mache dies deutlich.

Die von Wissenschaftlern erforschten persönlichen Eigenschaften erfolgreicher Unternehmer hält auch Zinkann für wichtig, nimmt aber für sich nicht in Anspruch, alle diese Eigenschaften zu besitzen. „Nobody is perfect" gelte auch für ihn „Ich versuche, Menschen für das Unternehmen zu finden, die auf jenen Gebieten besser sind als ich, wo ich nicht das nötige Wissen, die Befähigung oder das Interesse habe." Er akzeptiert auch, dass gute Mitarbeiter Ecken und Kanten haben, denn „nur Nullen sind rund". Man müsse auch Fehler zugeben und zulassen können, allerdings aus den Fehlern lernen und aus Schwächen Stärken machen.

Was treibt Reinhard Zinkann? Er will den Anspruch des Firmenmottos „Immer besser, immer Spitze zu sein", einlösen, der Verantwortung für das Unternehmen und seine Mitarbeiter gerecht werden, für ein nachhaltiges Wachstum sorgen und ein gesundes Unternehmen an die nächste Generation weitergeben. Auch bei Miele hat es wie bei anderen Unternehmen ein Auf und Ab gegeben, mussten im Zuge von Restrukturierungen schwierige Entscheidungen getroffen werden. Aber die Geschäftsführung habe diese Probleme aus einer Position der Stärke angehen und lösen können. „Diese Position ist das Geschenk unserer Vorfahren", sagt Zinkann. Er strebt danach, den Erfolg der Vorväter weiter zu tragen.

Reinhard Zinkann liebt seine Arbeit. „Wer von seiner Arbeit begeistert ist, kennt keine Stunden", sagt er. Er erinnert sich daran, wie sein Vater abends nach Hause kam, sich in seine Bibliothek setzte und weiter arbeitete. In den Ferien saß der Vater mit Aktentasche im Strandkorb und arbeitete die Akten durch, die Post wurde nachgeschickt. Die Bilder gleichen sich, wenn Reinhard Zinkann Urlaub macht. Er hat seinen Laptop dabei, bekommt auch die Post nachgeschickt und bearbeitet sie. Zwei Stunden jedes Urlaubstages gehören der Firma. Zinkanns zwölfjähriger Sohn hasst diesen „Ferienjob" seines Vaters. „Wenn man die Unternehmertätigkeit als Chance sieht, etwas gestalten und bewegen zu können, gibt es nichts, was mehr fasziniert. Dann stimmt auch die Work-Life-Balance", ein Wort, das Zinkann nicht mag. Er findet sich wieder in dem Satz von Aristoteles: „Glück ist Ordnung in der Seele". Diese Erfüllung in seinem Leben wünscht er auch seinem Sohn. Worin er sie finde, müsse dieser selber sehen.

Reinhard Zinkann ist kein Träumer, aber einen Traum hat er doch. Er wäre glücklich, wenn sein Sohn später einmal genauso mit dem zufrieden wäre, was er tut, wie er es selbst heute ist. Noch mehr freuen würde sich Reinhard Zinkann, wenn sein Sohn seine Lebensleistung einmal genauso beurteilen würde, wie er die Leistung seines Vaters Peter Christian Zinkann schätzt, „dann habe ich es wirklich geschafft".

Entdeckungen und Empfehlungen

„Wenn Sie den Kundennutzen nicht kennen, ist die Sache hoffnungslos", lautet eine Empfehlung des Schweizer High-Tech-Unternehmers Branco Weiss an Unternehmer. Sie, die Leser dieses Buches, haben sich unserer Forschungsexpedition zur Entdeckung des Unternehmer-Codes angeschlossenen und bis zu diesem Schlusskapitel durchgehalten. Das verdient Respekt und Anerkennung. Es könnte sein, dass Sie sich nicht allzu sehr gelangweilt, sondern sogar ein wenig unterhalten gefühlt haben. Das wäre ein Kundennutzen.

Aber haben Sie auch Entdeckungen gemacht oder gar mit Hilfe der porträtierten Entrepreneure den Unternehmer-Code entschlüsseln können? Gibt es ihn überhaupt? Einige der in diesem Buch porträtierten Unternehmer wie Thomas Selter und Dr. Reinhard Zinkann zweifeln an seiner Existenz.

Lassen Sie mich an den Grund für unsere Expedition erinnern, bevor ich Ihnen einige Entdeckungen nenne, die ich selbst gemacht habe. Deutschland steht vor einer doppelten Herausforderung: Es muss erstens mit einer schrumpfenden und alternden Bevölkerung in einem noch härter werdenden Wettbewerb mit neuen Produkten und Produktionsverfahren bestehen. Das wird deshalb schwer werden, weil die bisher gründungsstarken Jahrgänge der 20 bis 29-Jährigen kleiner werden. Zugleich werden die Produktivität und die Innovationskraft aufgrund der Alterung sinken. Professor Helmut Wienert (Hochschule Pforzheim) fordert, um die mit der Alterung der Bevölkerung verbundenen Risiken zu mindern, die Erfahrungspotenziale der wachsenden Zahl Älterer mit der Änderungsdynamik der sinkenden Zahl Jüngerer zu verknüpfen. Das geschieht bislang kaum.

Die zweite Herausforderung liegt in dem Nachfolgeproblem vieler Familienunternehmen, die das Gros der mittelständischen Unternehmen stellen. Nach aktualisierten Berechnungen des Instituts für Mittelstandsforschung in Bonn (IFM) stehen im Zeitraum von 2005 bis 2010 350.000 Familienunternehmen zur Nachfolge an. 2005 lag das Potenzial übergabereifer Unternehmen bei rund 71.000 Familienunternehmen. Fast die Hälfte wurde an familienexterne Nachfolger übergeben, rund 44 Prozent in der Form des Firmenverkaufs. Das IFM geht in einer neuen Berechnung davon aus, dass auch künftig Jahr für Jahr 71.000 Firmen einen Nachfolger suchen werden und die Zahl der jährlichen Betriebsschließungen in Ermangelung eines Nachfolgers auf 5900 steigen wird. In rund 21 Prozent aller Nachfolgefälle werde die Nachfolge im Zuge eines Verkaufs geregelt werden. Die Weitergabe an extern akquirierte Führungskräfte werde weiter an Bedeutung gewinnen. 2005 war das in gut zehn Prozent der Nachfolgefälle so.

Es war nicht Absicht dieses Buches, die Gründe für die verbreitete Risikoaversion in Deutschland und die Angst vor dem Scheitern auszuloten. Ich wollte Sie mit Unternehmern bekannt machen, die alles andere als risikoavers sind, die mit ihren Ideen, ihrer Energie, ihrem Optimismus, ihrer Leistungs- und Risikobereitschaft Unternehmungsgeist zeigen und Beispiele für eine unternehmerische Gesellschaft geben.

Solche guten Beispiele, solche Mutmacher zur Selbstständigkeit kann es nicht genug geben. Sie können helfen, das unternehmerische Potenzial besser auszuschöpfen. Dies wird zu einer Schicksalsfrage für den deutschen Mittelstand werden. Das Land der Ideen ist auf mehr Gründer angewiesen, wenn es, wie viele mittelständische Betriebe, Innovationschampion und Kompetenzführer auf spezialisierten Märkten bleiben will. Benno Wersborg und Stefan Schiller spielen in dieser Championsleague des deutschen Mittelstandes, aber auch der Energiewirt Hubert Loick. Miele ist eine Weltmarke. Im Land der Dichter und Denker sollten es mehr Menschen mit Goethes Faust halten und sagen: „Ich fühle Mut, mich in die Welt zu wagen, der Erde Weh, der Erde Glück zu tragen, mit Stürmen mich herumzuschlagen und in des Schiffbruchs Knirschen nicht zu zagen!" Schon der römische Philosoph Seneca wusste: „Nicht weil die Dinge schwierig sind, wagen wir sie nicht, sondern weil wir sie nicht wagen, sind sie schwierig."

Auch Unternehmer fragen sich, woher sie das Unternehmerische haben, einige meinen es zu wissen, andere ahnen nur, dass ihnen viele unternehmerische persönliche Eigenschaften in die Wiege gelegt wurden. Auch wenn sich Unternehmereltern dies noch so wünschen, Unternehmertalent wird nicht, wie Professor Jobst Meyer sagt, automatisch auf die nächste Generation vererbt. Die Vorstellung, dass Unternehmerkinder unternehmerische Eigenschaften gleichsam gebündelt von ihren Eltern erben, wie dies bei einem U-Gen der Fall sein müsste, ist nach Ansicht des Trierer Verhaltensgenetikers Meyer nicht haltbar. Gegen ein solches Erbgesetz sprechen auch die empirischen Erfahrungen mit Unternehmen, die in zweiter, dritter oder vierter Generation zuweilen weit weniger erfolgreich von Familienmitgliedern geführt werden.

Aber die meisten Unternehmer, gleich ob Gründer oder Mehr-Generationenunternehmer, nennen ererbte Eigenschaften, die Unternehmer auszeichnen. Für sie gilt: „Wenn ihr's nicht fühlt, Ihr werdet's nie erjagen." Ererbte unternehmerische Anlagen haben sich sogar gegen die sozialistische Planwirtschaft behauptet wie die Geschichte Volkmar Frenzels zeigt und einen Neustart nach der Wende erleichtert. Ein Beispiel dafür gibt auch der wegen seiner jahrelangen Stasimitarbeit umstrittene Potsdamer Immobilienhändler und Erbauer des Ressorts Schwielowsee, Axel Hilpert. Hilperts Familie hatte in den Kreisstädten Nordhausen und Sangerhausen Garagen, Tankstellen, Wohn- und Geschäftshäuser. Hilperts Vater war noch in den fünfziger Jahren Geschäftsführer der eigenen Baufirma mit zeitweilig 100 Beschäftigten. Steffen Uhlmann lässt Hilpert in seinem Buch „Tatmenschen" zu Wort kommen. Darin sagt Hilpert, sein Vater habe privat wie beruflich ein bewegtes Leben mit dreisten Höhenflügen und verheerenden Abstürzen hinter sich gebracht. Aber sein Vater sei immer Optimist geblieben. Der Optimismus und der beinahe unerschöpfliche Behauptungswille, der ihn dazu getrieben habe, nach Niederlagen immer wieder neu anzufangen, sei wohl das wichtigste Erbgut für ihn gewesen, meint Axel Hilpert.

Gabriela Grillo, geschäftsführende Gesellschafterin der Wilhelm Grillo Handelsgesellschaft mbH, verweist auf ein vererbtes unternehmerisches Selbstverständnis. Lars Hinrichs, der openBC-Gründer (heute XING) sagt, das Virus war vorinstalliert.

Für die angebliche wissenschaftliche Erkenntnis, es gäbe keine genetischen Gründereigenschaften, die spezifischen Verhaltensweisen seien nicht angeboren, sondern könnten erlernt werden, wie dies Professor Witt von der WHU in einer Studie aus dem Jahre 2006 zum Stand der Gründungsforschung darlegt, findet sich bei den in diesem Buch portraitierten Unternehmern kein Beleg. Witt gibt den Stand der Forschung nicht richtig wieder.

Die meisten der in diesem Buch vorgestellten Unternehmer bestätigen die Anfangsvermutung, dass sich ein Unternehmer sowohl durch angeborene als auch durch erworbene Eigenschaften auszeichnet. Diese Auffassung vertritt auch Professor Heinz Klandt. Er beschäftigt sich seit drei Jahrzehnten mit der Erforschung der Unternehmerpersönlichkeit. Eine wirklich belastbare finale Untersuchung gibt es nach seiner Kenntnis allerdings nicht.

Aber das „Sowohl-als-Auch", das Dispositive und nicht das ausschließlich Determinative ist die große Chance für das Elternhaus, für das Vorbild, die Erziehung, Bildung und Ausbildung. Klaus Anderseck kommt in einem Diskussionsbeitrag aus dem Jahre 2000 zu „Born or Made – Der Weg zum Unternehmensgründer" zu dem Ergebnis, alle Bildungsanstrengungen seien gerechtfertigt, die sich auf die Motivation und die Einstellungen zur Selbstständigkeit insbesondere junger Menschen richten.

Die wenigsten Dinge seien monokausal reduzierbar, meint Professor Klandt. „Wir können davon ausgehen, dass neben den Genen sowohl frühkindliche Erziehung als auch spätere Erfahrungen und Lernprozesse die Unternehmerpersönlichkeit bilden." Diese Erfahrung hat die Jenaer Entwicklungspsychologin Eva Schmitt-Rodermund in diesem Buch geschildert und durch ihre Forschungen untermauert. Die Bremer Kinderpsychologin Professor Ulrike Petermann meint, der Kern des Unternehmerischen müsse in den Kindern stecken. Sie habe in der Vergangenheit mit einer solchen Aussage Schwierigkeiten gehabt, allerdings wandelten sich die Einstellungen. „Ein Unternehmer-Gen" oder eine „Unternehmer-Genkonstellation" gebe es nicht. Aber es gebe individuelle Prädispositionen. Dazu gehört für Professor Petermann, früh Ideen zu haben, was man wie verkaufen könnte. Dabei brauche der erwartete Geldprofit nicht immer das primäre Motiv zu sein. Es könne auch die Freude daran sein, etwas an den Mann zu bringen. Zur Prädisposition gehörten auch die Zuversicht in das eigene Können, meint Professor Petermann, die Überzeugung, eine gute Verkaufsidee zu haben, Bereitschaft zu Initiative und Anstrengung, Mut zu unternehmerischem Risiko. Nicht nur der Wunsch, etwas verkaufen zu wollen sei wichtig, sondern auch den Markt prägen und Bedürfnisse bei potenziellen Käufern wecken zu wollen. Diese Prädispositionen werden sich bei Kindern jedoch nicht entscheidend entwickeln, meint Ulrike Petermann, wenn sie nicht erkannt und gefördert werden. Sie sieht es als Aufgabe der Erziehung an, Gelegenheiten zu schaffen oder zu fördern, bei denen sich das Unternehmertalent zeigen kann. Eltern und Schule sollten Aufgaben und Anforderungen stellen, die deutlich machten, dass man das meiste im Leben nicht geschenkt bekomme, sondern dafür arbeiten und sich anstrengen müsse. Die Aufgaben müssten dem Alter der Kinder angepasst sein, sie müssten zu bewältigen sein. Die Leistung des Kindes müsse beachtet, anerkannt und gelobt werden. Aber die Bremer Kinderpsychologin warnt auch vor einem Missverständnis: „Es gibt Gemeinschaftsleistungen in der Familie oder in der Schulklasse, die zwar anerkannt, aber nicht entlohnt werden sollen."

Wie groß der Anteil der ererbten Anlagen und des Erworbenen an der Denk- und Verhaltensbildung eines Unternehmers ist, wird wohl kaum mit einer generalisierenden Gewichtung zu beantworten sein. Die Affinität für eine selbstständige oder unternehmerische Tätigkeit kann nach der eingangs zitierten Studie bis zu knapp 50 Prozent auf genetischer Prädisposition beruhen. Aber es kommt tatsächlich auf den Einzelfall an.

Die Spurensuche nach dem Ursprung des Unternehmerischen führt in die Familie, nicht unbedingt zu den Eltern, sondern zu den Großeltern oder Verwandten. Bei Lars Hinrichs, Karoline Beck, Hubert Loick, Sabine Riemann, Karsten Wulf, Kim-Eva Wempe ist dies so.

Der unternehmerische Aktivitäts- und Gestaltungsdrang, aber auch der Geschäftssinn zeigen sich häufig schon in frühester Jugend. Spätere Unternehmer haben früh erste kleine Jobs oder gründen gar Firmen. Thomas Alva Edison, der große amerikanische Erfinderunternehmer, verkauft als Junge auf der Eisenbahn Zeitungen und Süßigkeiten. Hubert Loick verkauft als Junge kleine gepresste Heuballen und 5-Kilo-Kartoffelsäckchen. Volkmar Frenzel verdient sich die ersten Ostmark mit einem Kofferservice, Jens Bormann trägt Angebotszettel von Supermärkten aus, als ältere Schüler gründen Karsten Wulf, Lars Hinrichs und Bastian Grubert PC-Firmen.

Ulrike Petermann hat in einem Gespräch mit der Financial Times Deutschland geschildert, was das erste selbst verdiente Geld für Kinder bedeutet: Es sei ein Symbol dafür, dass man etwas aus eigener Kraft geschafft und durchgehalten hat. Diese Erfahrung sei besonders wichtig, da das Selbstwertgefühl maßgeblich durch unser Leistungsvermögen und Können bestimmt werde. Wenn sich ein Kind ohne Drängen der Eltern selbst einen Job suche, zeige das Kind, dass es sich selbstständig informieren könne, Initiative ergreife, Gelegenheiten erkenne und nutze. Menschen, die niemals während ihrer Kindheit oder Jugend gearbeitet haben, werden später sehr wahrscheinlich keine Unternehmer werden.

Eltern tun also gut daran, erste unternehmerische Aktivitäten ihrer Kinder zu fördern und zu unterstützen.

Mancher Unternehmer hätte nie eine unternehmerische Karriere machen können, wenn er nach dem ersten Fehlversuch nicht einen zweiten Versuch gewagt hätte. Lars Hinrichs und Lukasz Gadowski zählen zu diesen erfolgreichen Restartern ebenso wie die bekannten großen Unternehmer Werner Otto und Andreas Stihl, der Vater von Hans-Peter Stihl.

Ein unschlagbarer Supermann oder das Superweib schlechthin ist trotz mancher Spitzenleistung „der" Unternehmer und „die" Unternehmerin nicht. Die meisten haben ein starkes Ego, einige stricken auch am Mythos des furchtlosen Helden, andere reden offen, wie Lars Hinrichs und Lukasz Gadowski, über Fehler und Schwächen oder wie Stefan Schiller, Thomas Selter und Benno Wersborg über schlaflose Nächte, wenn sie ein schwerwiegendes Problem verfolgt. Wieder andere berichten von Albträumen und möchten doch nicht als Albträumer in diesem Buch stehen. Das ist die Nerven zehrende Kehrseite der Risikoneigung, die den Unternehmer auszeichnet. Diese Risikoneigung verändert sich mit der Alterung, der Erfahrung und Reifung eines Unternehmers. Das „Augen-zu-und Durch" gibt es nicht mehr, wenn ein Unternehmer viel zu verlieren hat. Karsten Wulf spricht dies offen aus. Benno Wersborg unterstreicht die Rückversicherungen, die zur Risikobereitschaft des Unternehmers gehören. Das kluge Kalkulieren des Risikos darf aber nicht dazu führen, das der Unternehmer zum Unterlasser wird. Vielleicht ist es diese Gefahr, die Lars Hinrichs bewegt, lieber von Chancen zu sprechen.

Unternehmer sind vor allem in ihren Startjahren Workaholics. Die Geschichte der Gründerunternehmer bestätigt die Warnung Jana Blaschkas, Gründerin der Happy Toys GmbH. Blaschka warnt, wer Wert auf ein geregeltes Leben und Freizeit lege, sollte sich besser nicht selbstständig machen. Selbstständig zu sein heiße „selbst" und „ständig" zu arbeiten. Die Leistungsbereitschaft und das Arbeitspensum junger Unternehmer sind kaum zu übertreffen, viele sind Spitzensportler der Wirtschaft mit Kämpferherz. Sie können schlecht verlieren und geben so schnell nicht auf. Hubert Loick formuliert es apodiktisch: „Ich kann verlieren, aber ich kann nicht aufgeben." Seine Geschichte ist die einer Kämpfernatur. Der deutsche Erfinder-Unternehmer Artur Fischer nennt Aufgeben Fahnenflucht. Das amerikanische Erfindergenie, der erfolgreiche Geschäftsmann Thomas Alva Edison, hat die Sätze geprägt: „Unsere größte Schwäche liegt im Aufgeben. Der sicherste Weg zum Erfolg ist immer, es doch noch einmal zu versuchen." „Erfolg ist ein Gesetz der Serie", sagt Edison, „und Misserfolge sind nur Zwischenergebnisse. Wer weitermacht, kann gar nicht verhindern, dass er irgendwann auch Erfolg hat."

Für Napoleon Hill ist Thomas Edison der Kronzeuge für seine Philosophie des Erfolgs. „Thomas A. Edison träumte von einer elektrischen Lichtquelle und machte sich unverzüglich daran, seinen Traum zu verwirklichen", schreibt Hill. „Selbst nach mehr als 10.000 fehlgeschlagenen Experimenten gab er sein Vorhaben nicht auf, sondern versuchte es unermüdlich weiter, bis er endlich die Lösung gefunden hatte." Mangelnde Ausdauer ist für Hill eine der häufigsten Ursachen für Misserfolge, Beharrlichkeit für ihn die geheime Stärke der Erfolgreichen. Um ausdauernd zu sein, muss man nach Hills Erfolgslehre zielstrebig sein, ein starkes Verlangen, einen starken Willen, Selbstvertrauen und fundierte Kenntnisse haben und sorgfältig planen. Wer nur intuitiv herumstümpere, gebe sehr bald auf.

Eine Krise ist für viele Unternehmer eine Chance. Hubert Loick hat diese Krisen-Chancen genutzt. Auch bei Jens Bormann und Karsten Wulff war das so, als dreißig Prozent des Umsatzes wegbrachen und sie ihre Nummer 1-Kampagne starteten. Für Stefan Schiller war die Krise der Anlass, sein Unternehmen neu aufzustellen.

Die Vita vieler Unternehmer relativiert den Einfluss der Erziehung und wissenschaftlichen Ausbildung für den Weg in die Selbstständigkeit und den unternehmerischen Erfolg. Unternehmer werden eher selten streng erzogen, nutzen die Freiräume, die ihnen die Eltern lassen und sind früh selbstständig. Bastian Grubert, Volkmar Frenzel, Hubert Loick und Lars Hinrichs haben nicht studiert, andere wie Karsten Wulf und Jens Bormann das Studium nie beendet. Sie haben Unternehmer im Learning-by-doing-Verfahren gelernt. Das Learning-by-doing ist zuweilen ein schmerz- und verlustreicher Weg. Der Web-Unternehmer Hinrichs hat dies erfahren. Lars Hinrichs erstellt nach seiner Pleite eine lange Liste mit Fehlern, die er gemacht hat und nicht wiederholen will. „Das ist das Schöne an einem Fehler", sagt Edison: „Man muss ihn nicht zweimal machen." Wem das nicht hilft, den tröstet gewiss ein anderer Spruch des amerikanischen Erfinder-Unternehmers mit über eintausend Patenten: „Erfahrung nennt man die Summe aller unserer Irrtümer."

Einigen zehntausend Unternehmern bleibt Jahr für Jahr in Deutschland nichts anderes übrig, als teuer für Fehler und Irrtümer zu bezahlen. Sie müssen Insolvenz anmelden. Eine Insolvenz muss und sollte nicht das Ende aller Unternehmerträume sein. Wir brauchen in Deutschland eine Kultur der zweiten Chance. Man muss eine zweite Chance nur zu nutzen wissen, wie Lars Hinrichs und Sabine Riemann in diesem Buch zeigen.

Ein Unternehmervorbild in der Familie verfehlt nicht seine Wirkung. Das kann man bei Kim-Eva Wempe, Thomas Selter, den Wersborg-Kindern und bei Dr. Reinhard Zinkann beobachten. Die geschäftsführenden Gesellschafter der Miele&Cie KG verstehen sich als die Diener der Traditionsfirma, leben die Werte der Familienfirma und die Begeisterung für das Unternehmen vor. Wenn man ein Beispiel für die Macht der Haltung und die Kraft des Vorbildes sucht, findet man kaum ein besseres als Miele.

Nicht alle Unternehmerkinder wollen in die Fußstapfen des Vaters treten. Vielleicht deshalb, weil sie sonst, wie es Klaus Fischer, der Sohn des Erfinder-Unternehmers Artur Fischer formuliert, ihr Leben lang dem Vater hinterherlaufen müssten. Wenn sie das Unternehmen übernehmen, dann wollen sie es anders machen.

Einige Kinder wollen das Unternehmen nicht weiterführen und tun dies dann doch. Dieser Meinungswandel ist wohl nicht nur ein Reifungsprozess, sondern auch eine Frage der Gestaltung des Generationswechsels. Der läuft glatt, wenn er berechenbar früh in Stufen vollzogen wird und der Seniorchef der Juniorin oder dem Junior Gestaltungsmöglichkeiten verschafft. Die Nachfolger müssen es anders machen dürfen als der Unternehmervater oder die Unternehmermutter.

Das Ziel der Familienunternehmen ist es zwar, das Unternehmen an Familienmitglieder weiterzugeben, aber ob das immer im Interesse des Unternehmens, seiner Mitarbeiter, seiner Eigner und der gewünschten Nachfolger ist, darf man bezweifeln. Die empirische Forschung hat zwei Mythen der Familienunternehmen zerstört. Jürgen Meffert und Holger Klein weisen in ihrer Studie „DNS der Weltmarktführer" nach, dass eigentümergeführte Unternehmen im Schnitt keineswegs erfolgreicher als solche sind, die von angestellten Managern geführt werden. Sie sind auch nicht risikobereiter, weder, was die Finanzen noch was die Eroberung neuer Märkte oder die Einführung neuer Techniken angeht.

Die Weiterführung eines Familienunternehmens durch ein Familienmitglied kann ein Unternehmen zurückwerfen. Professor Francisco Pérez-González von der Columbia University hat am Beispiel von 335 US-Familienunternehmen untersucht, welche Folgen ein Wechsel in der

Chefetage auf die Performance der Firma hatte (Handelsblatt vom 23.7.2007). Danach standen Familienunternehmen, die bei einem Führungswechsel auf externe Manager setzten, in den drei Jahren nach dem Wechsel besser da als in den drei Jahren zuvor. Übernahm dagegen ein Verwandter das Zepter, ging es mit der Firma bergab. Die Profitabilität verschlechterte sich um 1,88 Prozentpunkte. Als besonders schlechte Manager erwiesen sich Familienmitglieder, die keine oder nur eine schlechte betriebswirtschaftliche Ausbildung vorweisen konnten – unter ihrer Führung brachen die Gewinne des Unternehmens um 4,1 Prozentpunkte ein. Auch eine deutsch-französisch-britische Studie spricht nach dem zitierten Handelsblatt-Bericht eher gegen als für eine familieninterne Nachfolgeregelung.

Solche Befunde legen es nahe, die Nachfolgefrage in Familienunternehmen mit warmem Herzen aber kühlem Kopf zu entscheiden. Das Herz sollte für das Glück des Kindes schlagen. Stefan Schiller, der Mister Automation von der schwäbischen Alb, sagt über seine beiden Töchter, sie sollten sich so entwickeln, wie es ihren Talenten und Neigungen entspricht. Wenn das Kindeswohl bei bestem Willen nicht mit dem Firmenwohl in Einklang zu bringen ist, liegt die Auflösung der Einheit von Eigentum und Leitung nahe, dann sollten externe Manager das im Besitz der Familie liegende Unternehmen weiterführen.

Es gilt, die Nachfolgeentscheidung so objektiv wie möglich anzugehen und die persönliche und fachliche Eignung des Nachfolgers oder der Nachfolgerin zum Entscheidungskriterium zu machen. Ein Testbaustein können Unternehmereignungstests sein, ein anderer eine Begutachtung durch Beiräte oder Firmenvertraute oder ein gestuftes, leistungs- und erfahrungsgestütztes Hineinwachsen eines Familienmitgliedes in die Führungsaufgabe. Nicola Leibinger-Kammüller, die nach ihrem Vater Berthold Leibinger die Trumpf-Gruppe führt, sagt, Trumpf solle nach Möglichkeit von der Familie geführt werden, müsse es aber nicht: Die Firma sei keine Spielwiese für die Familie. Deshalb habe Trumpf in einem Kodex die Voraussetzungen für die Nachfolge klar geregelt. Wenn ihr Sohn einmal bei Trumpf eintreten wolle, müsse er zunächst von einem unabhängigen Gremium begutachtet werden. Er müsse in der Ausbildung einen vorgeschriebenen Weg gehen und Erfahrungen sammeln (nach „DNS der Weltmarktführer ...“). Auch bei Miele gibt es einen Verhaltenskodex mit strengen Regeln für den Befähigungsnachweis der Nachfolger.

Aber eine rein rationale Nachfolgeentscheidung ist in Familienunternehmen häufig kaum möglich. Blut ist nun einmal dicker als Wasser, auch wenn die Kinder nur die zweitbeste Wahl sind, wird die operative Führung zumeist ihnen übertragen werden und viele überraschen dann sogar die Skeptiker, die einen externen Geschäftsführer für besser gehalten hätten. Zumindest sollten die Familiennachfolger nicht unmittelbar nach der Ausbildung in das Unternehmen einsteigen, sondern sich in einem anderen Unternehmen bewähren und dort Erfahrungen sammeln. Benno Wersborg schildert die Notwendigkeit der Drittbewährung. Dr. Reinhard Zinkann hat sie gemacht, Thomas Selter hat sie vermisst.

Wissen, Branchenkenntnis und Erfahrung sind ein wichtiges Kriterium bei der Unternehmensnachfolge, aber am wichtigsten ist die Persönlichkeit. Die alles entscheidende Frage ist letztlich diese: Hat der Nachfolger das Zeug zum Unternehmer?

Die Kinder müssen zum Unternehmer befähigende Anlagen mitbringen. Durch das Vorbild der Eltern, die Erziehung und Ausbildung können diese Anlagen gefördert und entwickelt werden. Zum Learning-by-doing bieten Schülerfirmen wie die in diesem Buch vorgestellte Schülerfirma neoprendo gute Möglichkeiten, aber auch längere Schülerpraktika in Unternehmen oder auf einem Bauernhof. Der Bauernhof ist eine kleine wirtschaftliche Einheit. Wie lehrreich und motivierend es sein kann, auf einem Hof zu arbeiten, zeigen die von einem Bauernhof stammenden Unternehmer Benno Wersborg und Hubert Loick.

Heranwachsende können zu Unternehmern erzogen werden. Das Vorbild in der Familie wirkt, aber die überraschende Erkenntnis dieses Buches ist, dass sich viele selbst zu Unternehmern erziehen. Das gelingt ihnen, weil sie über unternehmerische Anlagen verfügen oder sich durch die von Napoleon Hill verfochtene Methode der Autosuggestion für den Erfolg programmieren. Das „Ich will“ ist uns nicht nur bei Hubert Loick, sondern bei unserer Forschungsexpedition immer wieder begegnet. Den Unternehmer zeichnet jedoch nicht nur das „Ich will" sondern auch das Wissen aus, „Ich kann" und „Ich schaffe das". „Das Bisschen schaffe ich auch noch", sagt Benno Wersborg, wenn es schwierig wird.

Napoleon Hill hat im Auftrag des Stahlmagnaten Andrew Carnegie anhand der Erfolgsgeschichten der reichsten Amerikaner das Geheimnis des Erfolgs erkundet und daraus eine Philosophie des Erfolgs und Erfolgsgesetze entwickelt. Lars Hinrichs hat sich an diesen Erfolgsgesetzen orientiert, andere sind ihnen wohl eher intuitiv gefolgt.

Zu Napoleon Hills Erfolgsgesetzen zählt die eiserne Entschlossenheit, das einmal gewählte Ziel um jeden Preis zu erreichen. Hill hat auch 25.000 Fallgeschichten von Menschen analysiert, die beruflich und im Leben versagt haben und herausgefunden, dass mangelnde Entschlusskraft zu den Hauptgründen ihrer Misserfolge zählte.

Seine Analyse der Lebensgeschichten von einigen hundert Multimillionären ergab dagegen, dass ausnahmslos jeder von ihnen gewohnt ist, blitzschnell Entscheidungen zu treffen und nur nach langem und reiflichem Überlegen zu ändern oder zu widerrufen. „Ein Unternehmer, der nicht entscheidet, ist keiner", sagt Benno Wersborg. Er und Karoline Beck sehen sich eher in der Gefahr zu schnell, zu spontan zu entscheiden.

Spontan, schnell, aus dem Bauch heraus zu entscheiden, muss kein Nachteil sein. Der deutsche Psychologe Gerd Gigerenzer weist in seinem Buch „Bauchentscheidungen" nach, gute Entscheidungen basieren oft auf einer unbewussten Intelligenz, die sehr schnell operiert und gerade in komplexen Situationen sicher im Erkennen des Wesentlichen und logischen Abwägungen überlegen ist. Zu ähnlichen Schlussfolgerungen kommt der Wissenschaftsjournalist Bas Kast in seinem Buch „Wie der Bauch dem Kopf beim Denken hilft". Ein Forschungsobjekt dieses Buches hätte der Unternehmerbauch, das Bauchgefühl des Unternehmers sein müssen. Sind Unternehmer keine Kopfmenschen, sondern Bauchmenschen? Auch auf diese Frage gibt es ein unentschiedenes Sowohl-alsauch.

Klaus Anderseck verweist darauf, jene Wissenschaftler, die der Meinung sind, unternehmerische Eigenschaften seien angeboren, nennen als herausragende Eigenschaft einer Unternehmerpersönlichkeit die Intuition, das Gespür für den Markt. Auf jeden Fall wäre es falsch, das intuitive Entscheiden eines Unternehmers aus dem Bauch heraus in das Irrationale zu schieben. Anatomisch gesehen ist es ja auch nicht der Bauch, der entscheidet. Es ist der Kopf, der blitzschnell die Antwort weiß. Lars Hinrichs sagt, der erste Gedanke ist meistens auch der richtige. Für Professor Klandt steht das Bauchgefühl als Gegenpol zum analytischen Denken und Handeln, für den „ganzheitlich-intuitiven Ansatz". Er verweist auf die Musik. Es gebe an der Musiktheorie analytisch geschulte Komponisten und Ausführende ebenso wie intuitiv arbeitende Musiker, wie der überwiegende Teil der Jazzmusiker. Bei dem Erwerb einer Sprache lernten native Speaker ganzheitlich intuitiv, in der Schule werde eine Fremdsprache meist analytisch, in Regeln zerlegts, aufgenommen. Klandt: „Viele Wirklichkeitsbereiche sind grundsätzlich – wegen ihrer Komplexität – oder aus zeitlichen Gründen einem strengen analytischem Zugang verschlossen, dies gilt zum Beispiel für das „opportunity recognition" im unternehmerischen Handeln."

Es gibt viele Analogien zwischen Schachspielen und Unternehmertätigkeit. Deshalb sind die Erfahrungen, die der Ex-Schach-Weltmeister Gary Kasparow gemacht hat, auch für Unternehmer interessant. Diese Erfahrungen hat Kasparow in einem Vortrag geschildert, den er anlässlich des Neujahrsempfanges 2006 der Personalberatung Egon Zehnder International gehalten hat.

Kasparow fordert darin Mut zu Entscheidungen und berichtet, er habe zu seiner großen Überraschung festgestellt, dass viele der von großen Schachspielern in den entscheidenden Momenten ihrer Karriere getroffenen intuitiven Entscheidungen viel klüger waren, als ursprüngliche Analysen vermuten ließen. Die Schachlegenden entschieden sich in den kritischen Augenblicken ihrer Laufbahn intuitiv für die besten Züge, weil sie unter äußerem Druck ungeahnte Stärken entwickelten.

Kasparow will diese Beobachtungen nicht als Plädoyer für Bauchentscheidungen, sondern als Beweis für die Macht der Konzentration und Instinkte verstanden wissen. Kasparow: „Ich glaube, unser Problem heute ist, dass wir unseren Instinkten nicht genug trauen. Wir neigen dazu, Informationen zu horten und dann sklavisch danach zu handeln. Damit reduzieren wir uns selbst auf die Rolle eines Mikroprozessors und hemmen – psychologisch betrachtet – die Entwicklung unserer Intuition." Menschen, die bereit seien, sich auf ihren Instinkt zu verlassen und ihren eigenen Entscheidungen zu vertrauen, hätten so großartige Unternehmen wie Hewlett-Packard, Apple und Google hervorgebracht.

Der Gründungsunternehmer und Blogger Jan Beckers zählt die Intuition zu den spezifischen Gründereigenschaften im Web.2.0-Umfeld. Er schreibt auf dem Blog „www.gruenderzszene.de": „Hochdynamische Branchen wie das Internet erfordern Gründerpersönlichkeiten, die geeignet und gewillt sind, besonders schnelle und pragmatische Entscheidungen treffen. Anders als in weniger dynamischen Branchen, beispielsweise in Versicherungsunternehmen, bleibt selbst vor wichtigsten Entscheidungen selten Zeit für groß angelegte Marktstudien oder aufwändige Modellierungen. Erfolg haben daher die Unternehmer, denen es gelingt, schnelle und trotzdem gute Entscheidungen zu treffen. Intuitives Gespür für die Märkte ist daher für Internet-Gründer noch wichtiger als für Unternehmer in weniger dynamischen Märkten. Dies spiegelt sich tendenziell auch in den anzutreffenden Gründer-Charakteren wieder, die häufig zu intuitiven Entscheidungen und pragmatischen Lösungen neigen."

Die verbesserte Wahrnehmung der Chancen führt nach Beckers Beobachtungen dazu, dass nun auch Charaktere gründen, die zu weniger guten Zeiten vielleicht eher noch ein Angestellten-Verhältnis angestrebt hätten. „Viele der heutigen Internet-Gründer zeichnen sich deshalb vor allem auch dadurch gegenüber Nichtgründern aus, dass sie das unternehmerische Gespür für die einmaligen Chancen haben, die sich derzeit bieten. Hätten mehr Menschen das Gespür für diese Chancen, gäbe es auch mehr Gründer", schlussfolgert Becker. Und ein unbekannter Blogger antwortet Becker: „Letztlich bleiben das Bauchgefühl und der unternehmerische Instinkt für gute Opportunities aber unersetzlich, um die richtige Entscheidung bei der Auswahl von Geschäftsideen zu treffen."

Willensstärke, Entschlusskraft, Selbstvertrauen und Beharrlichkeit zeichnen die Erfolgreichen aus – Eigenschaften, die sich auch in den Lebensgeschichten der hier vorgestellten Unternehmer wiederfinden. Die unternehmerischen Persönlichkeitsmerkmale sind nach der Meinung der in diesem Buch portraitierten Unternehmer zutreffend beschrieben worden:

Es sind Leistungsmotivstärke, die Machbarkeitsüberzeugung, emotionale Stabilität, Belastbarkeit und Beharrlichkeit, die Problemlösungskompetenz, Risikoneigung, Ungewissheitsresistenz und Durchsetzungskraft. Hinzukommen müsste nach Meinung der meisten Unternehmer die Entscheidungsstärke oder, wie es Napoleon Hill formuliert, die Entschlusskraft.

Der Unternehmer-Code ist nicht ein einziges U-Gen, sondern ein „Set", eine Sammlung persönlicher Eigenschaften, die den Unternehmer ausmachen. Das englische Wort steht auch für Richtung, Haltung und Neigung – wichtige Assoziationen des Unternehmerischen. Zu den von der Wissenschaft genannten Kerneigenschaften der Unternehmerpersönlichkeit kommen nach den Erkenntnissen dieser Forschungsexpedition die selbstmotivierende Kraft des Spaßfaktors und die Begeisterung hinzu. Sie stärken die Leistungsmotivation des Unternehmers. Bastian Grubert, Thomas Selter, Kim-Eva Wempe, Sabine Riemann, Jens Bormann und Lars Hinrichs geben dafür ein gutes Beipiel. Bormann sagt, „Spaß am Erfolg ist mein Lebenscredo". Bei Hubert Loick klingt es ähnlich: Er sagt: „Wir haben Spaß an dem, was wir tun". Theo Müller, der Eigentümer der Müller-Milch nennt es sein Hauptziel, „dass die nächste Generation denselben Spaß hat wie ich". Der Kernsatz einer neuen Unternehmerlehre könnte lauten: „Mache nur das, was dir wirklich Spaß macht, denn nur das machst du wirklich gut". Metin Colpan, der Gründer von Quiagen, hat diesen Grundsatz in ähnlicher Form aufgestellt. Von Edison stammt die Aussage: „Ich habe nicht eine Sekunde in meinem Leben gearbeitet. Es war alles Spaß". Lars Hinrichs formuliert ähnlich: „Ich arbeite nicht. Ich gehe meiner Leidenschaft nach". Dieser Spaß an der eigenen Unternehmertätigkeit steigert die Leistungsbereitschaft des Unternehmers.

Aber der Spaßfaktor ist wohl nur einer der Erfolgsfaktoren. Nach den Erfolgsfaktoren junger High-Tech-Unternehmer gefragt, antwortet der Schweizer High-Tech-Unternehmer Branco Weiss im Bulletin 4/05 der Schweizerischen Akademie der technischen Wisssenschaft (SATW): „Unerschöpfliche Energie, der Wille zum Erfolg und das Bedürfnis, etwas zu beweisen … Ich meine den unbedingten Willen, etwas durchzusetzen. Diesen Willen trifft man selten an. Er setzt voraus, dass man an etwas glaubt und es der Welt zeigen möchte." Weiss nennt ausschließlich persönliche Eigenschaften als Erfolgsfaktoren. Für ihn geht es um Einfallsreichtum, darum, als Unternehmer mit Schwierigkeiten fertig zu werden. „Ein Pionier ist jemand, der, bildlich gesprochen, mit einer Machete durch Neuland geht."

Wie schön ist es, dass das Land der Ideen nicht nur ein Land der Pioniere war, des Gottfried Daimler, des Robert Bosch und des Werner von Siemens, sondern auch das Land des Jens Bormann und Karsten Wulf, des Lars Hinrichs, der Mieles und Zinkanns, des Volkmar Frenzel, des Benno Wersborg und des Hubert Loick mit seiner Bioenergie ist. Diese unternehmerische Energie haben mehr Menschen in Deutschland als sich selbstständig machen. Darin liegt unsere Chance.

Der Unternehmer-Code

Die Kernkräfte des erfolgreichen Unternehmers

Nach den Erkenntnissen der Wissenschaft, insbesondere des Landauer Arbeits-und Organisationspsychologen Professor Dr. Günter F. Müller, und den Entdeckungen dieser Forschungsreise sind dies die persönlichen Eigenschaften, die für den unternehmerischen Erfolg wichtig sind:

Leistungsmotivstärke – Unternehmer zeichnen sich durch hohe Leistungsbereitschaft aus. Sie haben Spaß an ihrer Arbeit. Das steigert ihre Leistungsfähigkeit. Sie haben Ehrgeiz. Sie wollen immer besser sein.

Unabhängigkeitsstreben – Unternehmer streben nach Autonomie, nach beruflicher Selbstständigkeit und nach Selbstverwirklichung.

Power – Unternehmer haben schier unerschöpfliche Energie und Kraft. Viele sind Workaholics.

Machbarkeitsüberzeugung – Unternehmer sind Macher. Sie sind von ihrer Selbstwirksamkeit überzeugt. Sie sagen nicht nur „Ich will". Sie wissen auch „Ich kann das" und „Ich schaffe das".

Chancenorientierung – Unternehmer suchen Geschäftschancen und erkennen Chancen, die andere nicht sehen.

Kreativität – Unternehmer haben Geschäfts- und Produktideen und können sie erfolgreich umsetzen.

Risikobereitschaft – Unternehmer haben Mut und gehen gern kalkulierte Risiken ein.

Ungewissheitsresistenz – Unternehmer können Unsicherheit und Ungewissheit ertragen, Lösungen finden und ungewisse Situationen zu ihrem Vorteil gestalten.

Emotionale Stabilität – Unternehmern flattern nicht die Nerven. Sie lassen sich nicht schnell frustrieren und von Misserfolgen entmutigen.

Beharrlichkeit – Unternehmer geben nicht auf. Beharrlichkeit ist die geheime Stärke der Erfolgreichen.

Belastbarkeit – Unternehmer können Stress bewältigen und auch unter Druck leistungsfähig sein. Manche brauchen Druck für Höchstleistungen.

Problemlösungskompetenz – Erfolgreiche Unternehmer können die kleinen und großen Probleme eines Unternehmens lösen, analytisch oder intuitiv.

Entscheidungsstärke – Unternehmer sind keine Zauderer. Sie entscheiden schnell. „Bauchentscheidungen" sind blitzschnelle, wissens- und erfahrungsgestützte Kopfentscheidungen zu komplexen Problemen. Umsetzungsstark sind manche nicht. Viele langweilt es, die letzte Schraube festzuziehen, sie verfolgen lieber neue Ideen.

Durchsetzungsstärke – Unternehmer lassen sich nicht die Butter vom Brot nehmen. Sie setzen durch, was sie für richtig halten. Über ihren Erfolg entscheidet dabei auch ihre soziale Kompetenz gegenüber Mitarbeitern, Kunden und Geschäftspartnern. Unbeschädigt mit dem Kopf durch die Wand kommt auch ein Unternehmer nicht.

Die Kernkräfte des Unternehmers sind nach den Erkenntnissen Professor Müllers zu 20 bis 25 Prozent für seinen Überlebenserfolg entscheidend. Hinzu kommen die Güte und Marktfähigkeit der Produkte, Wissen und Können, das familiäre und gesellschaftliche Umfeld, Zufall und Glück. Unternehmer müssen nicht über alle diese Kernkräfte gebündelt verfügen. Sie können auch erfolgreich sein, wenn sie Schwächen durch Stärken kompensieren.

Jungunternehmer

Darf man einen Unternehmer „Milchbubi" nennen? Man darf, jedenfalls die Knirpse der Neuen Grundschule in Potsdam, die mit Hilfe der Deutschen Kinder- und Jugendstiftung die Schüler-GmbH „Milchbubis" gegründet haben. Diese Kleinunternehmer haben den Milchverkauf an ihrer Schule in die Hand genommen. Natürlich dürfen auch Milchmädchen mitmachen – schon des Rechnens wegen. Die Grundschüler der „cool Kids" aus Waren an der Müritz sind bereits seit 2002 im Geschäft der Pausenversorgung, mit viel Erfolg und noch mehr Begeisterung.

Zierfische kauft man in Güstrow am besten bei der Schülerfirma Guppy&Co. Wer Hilfe im Haus oder im Garten braucht, kann sich in Wittenburg an die „Putzteufel sGbR" wenden, die „Gartenzwerge sGbR" bauen Obst und Gemüse an und verkaufen es an der Schule. Kevin Fink, mit zwölf Jahren der jüngste Zirkusdirektor Deutschlands, betreibt sein Unternehmen, den Circus Barlay Junior sGbR an der regionalen Schule in Bernitt. Er geht nach seinen Vorstellungen nicht mehr mit dem Hut herum, man muss ihn buchen. Kevin verliert beim Einradfahren nicht das Gleichgewicht und kann gut jonglieren – keine schlechten Übungen für Jungunternehmer. Mit seinen Künsten hat er es in die SAT1-Sendung „Träume werden wahr" geschafft. Beim Wahrwerden solcher Jungunternehmer-Träume, bei der Entwicklung unternehmerischen Denkens und Handelns sowie bei der frühen Berufsorientierung hilft das Projekt „Jungunternehmerschule in Mecklenburg-Vorpommern" des Landkreises Güstrow (www.jungunternehmerschule.de). Das Projekt richtet sich an Schüler der Klassen sieben bis zehn.

Zitate über Unternehmer

„Nicht angepasst sein, das macht den Unternehmer aus. "

Erich Sixt
(Aus: 101 Haudegen…)

„Der Unternehmer sieht Chancen, die andere nicht sehen.
Er überwindet die Angst vor dem Neuen. "

Branco Weiss,
High-Tech-Unternehmer und schweizerischer Venture Capital Papst.
(Aus: Bulletin 4/05 der Schweizerischen Akademie
der Technischen Wissenschaften (SATW))

„Ein Unternehmer ist kein Unternehmer, sondern ein Verwalter,
wenn er nicht den Mut hat, Fehler zu machen. "

Reinhard Mohn
(Aus: Die Zeit 1999)

„Unternehmer gehen über Grenzen ins Unbekannte,
Manager implementieren das Bekannte. "

Reinhard K. Sprenger (Management-Autor)
(Aus: Aufstand des Individuums)

„Unternehmer sollen ruhig eckige Persönlichkeiten sein. "

Jürgen Heraeus (Heraeus-Gruppe)
(Aus: DNS der Weltmarktführer)

„Der zentrale Unterschied zu einem angestellten Manager ist,
dass man sein eigener Maßstab sein muss."

Philip Eigen, Burberg-Eicker, Technische Federn GmbH
(Aus: Wirtschaft in NRW 2007)

„Wir müssen deshalb vor allem für ein anderes Bild des Unternehmer-
tums im Land eintreten, nicht zulassen, dass unternehmerisches Handeln
immer öfter gleichgesetzt wird mit Wolfsnatur und Ellbogenmentalität
statt mit Verantwortung und Risikobereitschaft."

Christa Thoben, NRW-Wirtschaftsministerin
(Aus: Wirtschaft in NRW 2007)

„Nur wer der eigenen Person annähernd die gleiche Aufmerksamkeit
widmet wie seinem Betrieb, wird als Unternehmer auf Dauer Erfolg
haben."

Professor Peter May, Intes-Akademie für Familienunternehmen
(Aus: FAZ)

Zitate von Unternehmern

„Ein Familienunternehmen ist wie ein Kind,
das man aufwachsen sieht und das man begleitet und unterstützt."

Michael Otto
(Aus: Hamburger Abendblatt)

„Ich bin immer ein wahnsinnig neugieriger Mensch gewesen,
ich wollte immer wissen, was hinter dem Berg ist."

Reinhold Würth
(Aus: Pioniere …)

„Tatsächlich ist Deutschland voll von Wissensriesen, aber auch voll von
Realisierungszwergen. Karriere und Berufserfolg sind untrennbar mit
Leistungsbereitschaft, Einsatzfreude, mit unbändiger Freude am berufli-
chen Tun verbunden. Besonders wichtig für beruflichen Erfolg erschei-
nen mir noch Bescheidenheit, Dankbarkeit, Berechenbarkeit, weitab von
jeder Arroganz."

Reinhold Würth
(Aus: AlumniNews Universität Stuttgart)

„Ich will etwas anpacken. Das sind meine Gene."

Heiner Kamps
(Aus: „Die Welt" und 101 Haudegen …)

„Wenn's morgen eine tolle Chance gibt,
dann würde ich auch etwas Ungeplantes machen. Klar. "

Ralph Dommermuth (United Internet)
(Aus: 101 Haudegen ...)

„Geht nicht gibt's nicht. Es geht so nicht, das gibt's. "

„Aufgeben fasse ich immer noch auf wie Fahnenflucht. "

Artur Fischer
(Aus: Pioniere…)

„Ich wollte nicht in die Fußstapfen meines Vaters treten,
weil ich dann immer hinterher laufe. "

Klaus Fischer
(Aus: 101 Haudegen …)

„Tüchtige, aktive Menschen machen die meisten Fehler; aber sie unter-
scheiden sich von den unfähigen dadurch, dass sie sich mit ihren Fehlern
auseinander setzen. Sie wandeln sie in Erfahrung um. "

Werner Otto
(Aus: Pioniere…)

„Das Vertrauen, das mein Vater mir gegeben hat,
das war das Wichtigste. "

Jürgen Heraeus
(Aus: Pioniere)

„Nur das Wachstum hilft gegen den Tod. "

Reinhold Würth
(Aus: Pioniere…)

„Ich kann einfach nicht aufhören, weil mein Leben dann keinen Sinn mehr hätte. "

Hans Riegel (Haribo)
(Aus: 101 Haudegen...)

„Ohne die Firma würde ich krank"

Hans Riegel
(Aus: Pioniere ...)

„Ich wollte immer etwas bewegen, ich wollte gestalten. Langes Theoretisieren war mir immer ein Gräuel. Wir überlegen heute viel zu lange, bevor wir überhaupt etwas anfangen. "

Erivan Haub
(Aus: Pioniere...)

„Den Kindern rate ich gar nichts. Meinen Kindern muss ich ein Vorbild sein. Dann brauche ich ihnen nichts zu raten".

Wolfgang Grupp (Trigema)
(Aus: FAZ vom 14.7.07)

„Man muss sie (Werte, der Verfasser) vorleben: Fleiß, Hingabe, Bescheidenheit. Der Unternehmer darf nicht abheben. "

Nicola Leibinger-Kammüller
(Aus: DNS der Weltmarktführer)

„Mein Hauptziel ist, dass die nächste Generation denselben Spaß hat wie ich. "

Theo Müller (Müller-Milch)
(Aus: Haudegen ...)

„Mach, was dir Spaß macht und was du wirklich machen willst.
Denn das machst du gut. "

Metin Colpan (Quigen N.V.)
(Aus: Die Unternehmerelite)

„Man kann nur gut sein in den Dingen, die man auch gerne macht. Das
ist eine Philosphie, die sich durch das ganze Unternehmen zieht. Es ist
nicht so, dass es nur uns Spaß machen muss, sondern es muss auch den
Mitarbeitern Spaß machen. "

Kai Bär und Rainer Gaus (IndustrieSerVis)
(Aus: Die Unternehmerelite)

„Gewinn ist nie ein Unternehmensziel. Der Gewinn ist Bedingung für
Unternehmertum, so wie Sie atmen müssen, um zu leben. "

Götz Werner (DM)
(Aus: 101 Haudegen…)

„Ich habe die notwendige Besessenheit und den bedingungslosen Willen,
der Beste zu sein. "

Erich Sixt
(Aus: www.Kmuinnovation.com)

„Das Geld liegt auf der Straße, Du musst dich nur bücken,
um es aufzuheben. "

Carl Herzog, Gründer der Firma Olymp

„Besser eine Wurstbude betreiben,
als in einem Konzern angestellt zu sein. "

Alfred Herzog, Inhaber der Firma Olymp

„Jetzt wird es einfach gemacht und wenn es gleich falsch ist."

Carl Herzog

„Ich habe immer Mitarbeiter eingestellt, die besser waren als ich."

Henry Ford

Gründerservice

Gründer- und Nachfolger-Check

www.ebs-gruendertest.de
Unternehmertest der European Business School

Unternehmertest von Professor Dr. Günter F. Müller
Fachbereich Psychologie
Uni Konstanz-Landau
Fortstraße 7
76829 Landau
Schutzgebühr 20Euro

www.Existenzgründer.de
Das Existenzgründerportal des BMWI
Mit Tests:
Sind Sie ein Unternehmertyp?
Entscheiden Sie wie ein Unternehmer?

www.Zeitzuleben.de
Persönlichkeitstests

www.exist.de
Existenzgründungen aus Hochschulen

www.Bmbf.de
Power für Gründerinnen

www.nexxt.org
Unternehmensnachfolge

www.Kfw-Mittelstandsbank.de

Gründerzentrum

Diverse Sparkassen haben auf Ihren Internetseiten auch Unternehmertests

www.FGF-eV.de

Gründungslehrstühle

Förderkreis Gründungsforschung

www.Business-angels.de

Band-Business Angels Netzwerk Deutschland

Quellen und Literaturhinweise

ANDERSECK, KLAUS, „Born or Made" – Der Weg zum Unternehmensgründer, Diskussionsbeitrag Nr. 281 (Jan. 2000) des Fachbereichs Wirtschaftswissenschaft der Fernuniversität Hagen

HILL, NAPOLEON, Denke nach und werde reich – Die Erfolgsgesetze Heinrich Hugendubel Verlag 2005

KASPAROW, GARRY, Mut zu Entscheidungen, Vortrag anlässlich des Neujahrsempfanges 2006 der Egon Zehnder International

KLUSMANN, STEFFEN (HRSG.), 101 Haudegen der deutschen Wirtschaft, FinanzBuch Verlag GmbH 2006

MEFFERT, JÜRGEN/KLEIN, HOLGER, DNS der Weltmarktführer Redline Wirtschaft 2007

MÜLLER, ALFRED/GLAUNER, WOLFGANG, Die Unternehmer-Elite, Gabler 1999

SCHÄFER, WALDEMAR, Stihl – Von der Idee zur Weltmarke, Schäffer-Poeschel 2006

STERNBERG, ROLF/BRIXY, UDO/HUNDT, CHRISTIAN, Global Entrepreneurship Monitor, Länderbericht Deutschland 2006

UHLMANN, STEFFEN, Tatmenschen-Porträts aus Ostdeutschland, Edition klageo 2005

VOIGT, MARTINA/WEIßBACH, HANS-JÜRGEN U. A., Kompetenzentwicklung in Start-up-Unternehmen, QUEM-Report Heft 93, Berlin 2005

WIRTSCHAFT IN NRW 2007, Ministerium für Wirtschaft, Mittelstand und Energie des Landes Nordrhein-Westfalen

ZIESEMER, BERND (HRSG.), Pioniere der Deutschen Wirtschaft, Campus Verlag 2006

Die Förderer

Die Familienunternehmer-ASU

Familienunternehmer sind das Herz der Sozialen Marktwirtschaft. Sie brauchen eine starke Interessenvertretung, die für die Werte der Sozialen Marktwirtschaft kämpft. Für „Die Familienunternehmer-ASU" sind dies: Freiheit, Eigentum, Wettbewerb und Verantwortung.

Die Interessenvertretung der Familienunternehmer nimmt Einfluss auf die Bundespolitik und die öffentliche Meinung, erarbeitet Standpunkte und Konzepte, stellt Kontakte zu Bundes- und Landespolitikern her. Sie ermöglicht einen Erfahrungsaustausch auf Augenhöhe und leistet Weiterbildung auf höchstem Niveau.

Erfahrungen teilen – Informationen austauschen – Wissen entwickeln:

Das ist das Angebot einer großen einflussreichen Familie.

Tuteur Haus
Charlottenstr. 24
10117 Berlin
Tel.: 030 300650
Fax: 030 30065-390
E-Mail: Kontakt@Familienunternehmer.eu
Internet: www.Familienunternehmer.eu

Bundesverband Junger Unternehmer (BJU)

Der BJU ist das Forum für junge Familien- und Eigentümerunternehmer bis 40 Jahre. Der Verband bezieht klar Stellung – für eine wettbewerbsorientierte soziale Marktwirtschaft, gegen überflüssige Staatseingriffe. Ziel des BJU ist es, die Rahmenbedingungen für junge Unternehmer, vom Existenzgründer bis zum Nachfolger, zu verbessern.

Bei BJU-Veranstaltungen tauschen sich Unternehmer verschiedener Branchen über ihre alltäglichen Herausforderungen aus. Den Mitgliedern des BJU steht zudem ein reichhaltiges Service- und Informationsangebot zur Verfügung. Ein exklusives Seminarangebot bietet in allen Phasen der Unternehmensentwicklung hervorragende Möglichkeiten zur Weiterbildung.

Bundesverband Junger Unternehmer von „Die Familienunternehmer – ASU e.V."

Tuteur Haus
Charlottenstr. 24
10117 Berlin
Tel.: 030 300 65-0
Fax: 030 300 65-490
E-Mail: bju@bju.de
Internet: www.bju.de

Der Autor

Rainer Nahrendorf, Jahrgang 1943, kommt aus einer Selbstständigen-Familie. Seine Mutter betrieb ein Schreibwarengeschäft, sein Vater war Schornsteinfegermeister. Nahrendorf wuchs in Hamburg auf. Er war Schulsprecher eines neusprachlichen Gymnasiums. Nach dem Abitur studierte er politische Wissenschaften an der Freien Universität Berlin und machte sein Examen als Diplompolitologe. Er organisierte zwei Wahlkämpfe in der Hansestadt und arbeitete als persönlicher Assistent des Hamburger Privatbankiers und Bankenpräsidenten Alwin Münchmeyer.

Seine Neigung zum Journalismus zeigte sich schon in der Schulzeit. Als Schüler schrieb er für die Schulzeitung, während des Studiums machte er ein Praktikum beim Sender Freies Berlin. Später arbeitete er neben dem Beruf als freier Journalist für das Deutsche Allgemeine Sonntagsblatt und andere Zeitungen. 1972 machte er sein Hobby zum Beruf, wurde Redakteur des Handelsblatts. Er gehörte der Redaktion 34 Jahre an, davon zwölf Jahre als Mitglied der Chefredaktion. Heute schreibt er als Autor für das Handelsblatt und ein regionales Wirtschaftsmagazin.